계몽운동에서 무장투쟁까지의 선도자
양기탁

계몽운동에서 무장투쟁까지의 선도자 양기탁

| 김성민 지음 |

글을 시작하며

한국 근현대사에 조금이라도 관심이 있는 사람이라면 양기탁이라는 이름이 낯설지 않을 것이다. 중·고등학교 교과서에 수록될 정도로 대표적인 독립운동가의 한 분이기 때문이다. 흔히 양기탁 선생은 한말의 계몽운동가로만 알려져 있다. 그가 베델과 함께 『대한매일신보』를 창간하여 국권회복운동의 선두에서 활동한 행적이 너무 우뚝해서 일 것이다. 그러나 선생은 20대 중반인 1897년 독립협회에 참여한 이래 1938년 중국에서 서거하기까지 40여 년간 끊임없이 조국 독립운동에 앞장선 독립투쟁의 화신이었다.

양기탁 선생은 『대한매일신보』를 통해 한말 언론활동을 선도하였을 뿐 아니라 신민회를 주도하며 해외 녹립운동 기지를 개칙하여 망국 이후 독립운동의 실질적인 기반을 마련하였다. 1920년대 이후에는 만주에서 독립군의 통합 단체인 통군부·통의부와 정의부의 결성을 주도하였고 의성단을 조직하여 의열투쟁을 전개하였다. 1930년대에는 대한민국임시정부에 참여하여 주석으로 활동하였다. 그야말로 한말부터 1930년대 중반까지 우리 민족운동사의 주요한 큰 흐름을 앞장서서 이끌었던 분이다.

그럼에도 불구하고 선생에 대한 이해가 주로 한말의 활동에 머물렀던 것은 선생이 앞에 나서기보다 뒤에서 일의 완성을 위해 노력하여 표면적으로 나타나지 않았기 때문이다. 중국 망명 이후 선생은 겉으로 드러나는 활동보다는 독립운동 단체의 통합을 위한 조정과 타협에 주력했다. 통의부·정의부 등 만주지역 최대 독립군단의 결성을 이끈 주역이었지만 특별한 직책을 맡지 않았다. 정의부의 중대장으로 활동한 정이형이나, 의성단장 편강렬의 회고에서 보듯이 선생은 '독립운동 단체의 정신적인 지도자'였다. 독립운동계에서의 이러한 위상 때문에 만주의 독립운동 단체에서 사람을 특파하여 선생의 만주 망명을 추진했던 것이다.

필자 역시 이러한 선생의 생애를 잘 알지 못했다. 남들보다 뒤늦게 학문의 길에 들어선 필자로서는 연구 분야도 달랐기 때문에 큰 관심을 두지 않았다. 동문 선배인 김필자 선생이 석사학위 논문으로 양기탁 선생의 생애를 준비하고 있을 때 어깨 너머로 들여다본 것이 전부라고 할 수 있다. 뜻하지 않게 독립기념관을 통해 양기탁 선생의 생애를 탐구해 볼 기회를 갖게 된 것은 필자에게 큰 행운이었다. 선생의 약전을 준비하면서 비로소 역사 속에서 한 개인의 고뇌와 사상, 무엇보다도 그칠 줄 모르는 독립에의 열망을 읽을 수 있었기 때문이다.

다행히 2002년 우강 양기탁 선생 전집 편찬위원회에서 관련자료들을 정리하여 『우강 양기탁 전집』을 간행함으로써 선생에 대한 이해를 높이는 계기를 마련하였다. 이후 일제의 정보 보고서류의 자료들이 전산화되어 공개됨에 따라 보다 많은 사료들을 접할 수 있게 되었다. 그러나 학계에서는 아직 이러한 자료들을 활용하여 선생에 대한 종합적인 연구성과를 내지 못하고 있어 아쉬움을 주고 있다.

선생은 독립운동의 1세대에 속하는 분이다. 한말 의병운동과 계몽운동의 주도 인사들이 독립운동의 1세대라 할 수 있다. 이들은 한말부터 국권회복운동에 참여하였고 1920년대에는 이미 원로급에 해당했다. 독립운동계의 원로로서 자신의 생각이나 사상을 바꾸기는 쉽지 않은 일일 것이다. 그러나 선생은 각기 다른 생각과 노선의 독립운동 세력을 조정하여 강력한 항일운동 세력으로 묶어내는 데 혼신을 다하였다. 또한 조국 독립을 위해서라면 새로운 사상을 받아들이는 데도 주저하지 않았다. 그러면서도 한말 신민회 이래의 방략인 독립운동 기지에 근거한 독립전쟁론을 버리지 않았다. 때문에 동포들의 생활안정을 무엇보다 중요시하였고 그 방안을 찾기 위해 끊임없이 노력하였다. 선생은 1세대 독립운동가로는 드물게 수차례에 걸쳐 오랜 기간 옥고를 치르고 생명의 위협을 받기도 했다. 그러나 선생은 굴하지 않고 흔들리지 않았다. 오히려 자신의 외아들을 독립운동에 참여시키는 등 더욱 앞으로 나아갔다. 필자의 역량이 부족하여 이러한 선생의 열정적인 생애를 제대로 복원하지 못해 행여 누가 되지나 않았는지 두려울 뿐이다.

　선생의 생애를 정리하면서 많은 선행 연구의 도움을 받았다. 특히 학계에서 최초로 본격적인 양기탁 연구성과를 낸 김필자 선생의 연구에 크게 의존하였다. 본 약전에서 양기탁 선생의 한말 활동은 김필자 선생의 연구성과라 해도 과언이 아니다. 또한 1920년대 2차 중국 망명 이후의 활동은 채영국 선생의 만주 독립운동 단체 연구에 크게 도움을 받았다. 양기탁 선생이 관여한 단체가 많았으므로 이러한 단체들의 활동이나 성격을 기술하는데 채영국 선생의 연구가 많은 도움을 주었다.

　그 외에도 많은 선행 연구와 주변 분들의 도움으로 이 글이 이루어졌다. 필자의 학위논문 지도교수이신 장석흥 선생은 큰 안목에서 양기탁 선생의 생애에 대한 밑그림을 그려주셨다. 특히 오래 지체된 부족한 결과물을 끝없는 인내로 기다려 주신 독립기념관 한국독립운동사연구소 김형목 선생을 비롯한 관계관 여러분께 깊이 감사드린다. 난삽한 원고를 잘 정리해 주신 역사공간 편집부 여러분께도 고마움을 전한다. 끝으로 언제나 내 힘의 원천인 가족에게도 사랑과 감사를 전한다.

2012년 3월
김 성 민

차례

글을 시작하며 _ 4

1 성장과 성품
새문화를 배우며 성장하다 _ 12
제중원에서 공부하다 _ 13
범할 수 없는 국사의 얼굴 _ 16
톨스토이를 흠모하다 _ 22

2 민족운동을 준비하다
『한영자전』편찬에 참여하다 _ 25
독립협회에 참여하여 민족운동에 나서다 _ 28
한성전기회사와 예식원에 근무하다 _ 33

3 『대한매일신보』를 창간하여 민족운동의 전면에 나서다
『대한매일신보』를 창간하다 _ 37
피의 투쟁을 독려하다 _ 43
일제의 베델 추방과 양기탁 제거 음모 _ 49
국채보상운동에 참여하여 옥고를 치르다 _ 51

4 계몽운동 단체에 참여하다
　　계몽운동 단체와 양기탁_ 56
　　가정교육의 중요성을 역설하다_ 58
　　국가가 원하는 영웅이 되어달라_ 60

5 신민회를 주도하여 독립운동기지 개척에 앞장서다
　　안창호와 신민회를 조직하다_ 63
　　실력을 양성하여 백성을 새롭게 하다_ 66
　　해외 독립운동기지 개척을 주도하다_ 68
　　체포와 옥고_ 71

6 만주의 독립운동 단체를 지도하다
　　만주로 망명하다_ 75
　　신민회를 중심으로 독립운동 단체의 통일을 모색하다_ 79
　　대한광복회의 의열투쟁을 지도하다_ 86
　　노령「한인신보」편집인_ 89
　　한인사회당 결성에 참여하다_ 91
　　동성한족생계회를 조직하여 동포들의 생활기반 마련에 힘쓰다_ 97

7 국내에서의 독립운동
『동아일보』의 창간_ 101
통천교를 창시하다_ 103
방한하는 미국의원단에 독립 호소를 추진하다_ 107

8 다시 만주로
만주 망명 작전_ 111
통의부 결성을 주도하다_ 113
의군부와 육군주만참의부의 분립_ 121
국민대표회의 준비_ 124
의성단을 조직하여 무장투쟁을 전개하다_ 129

9 만주지역 독립운동계의 정신적인 지도자
동우회를 결성하여 산업과 교육을 장려하다_ 134
남만주 최대의 군정부인 정의부 결성을 주도하다_ 137

농장 건설을 통해 동포들의 생활향상을 꾀하다_152
대한민국임시정부 국무령에 선임되다_159
고려혁명당을 조직하다_161

10 평생을 독립운동에 바친 노혁명가

1930년대, 중국 관내지역에서의 활동_171
보르네오 섬에 한인 집단이주 계획을 추진하다_173
대한민국임시정부 주석으로 활동하다_175
한국독립당 활동_185
민족혁명당에 참여하여 단일대당의 실현을 위해 노력하다_190
평생에 걸친 민족운동의 여정을 접다_194

양기탁의 삶과 자취_201

참고문헌_210

찾아보기_215

01 성장과 성품

새문화를 배우며 성장하다

양기탁은 1871년 4월 2일 평남 평양의 소천에서 태어났으나, 후일 부친의 본적지인 평남 강서군 쌍룡면 신경리에서 어린 시절을 보냈다. 부친 양시영梁時英과 모친 인동 장씨 사이의 형제 중 장남이었다. 아명은 의종宜鍾이고 자는 자명子明, 호는 우강雩崗, 필명은 우강于岡·우강인于岡人·우강산인于岡散人 등을 사용하였다. 본관은 남원인데 신분상으로는 양인이었다. 양기탁은 백부 양시욱梁時郁에게 입양되어 생활하였는데, 양시욱은 후일 숭녕전崇靈殿 참봉을 지냈다. 부친인 양시영은 지역에서 이름난 한학자였다.

평안도·황해도의 관서지방은 일찍부터 중국과 무역이 성행하고 문맹이 적으며 새문화를 받아들이는 데 적극적이어서 개화에 앞장선 곳이었다. 양기탁이 태어나기 5년 전 평양은 미국의 상선 제너럴셔먼호사건(1866년)으로 일대 혼란이 있었다. 양기탁의 부친 양시영은 미국의 군함이 무기를 싣고 직접 찾아오는 평양을 떠나 강서군으로 피신한 듯하다. 그러나 당시 서양의 과학기술이 월등함에 놀랐고, 이는 영어 습득의 중요함을 깨닫게 된 이유가 되기도 한 것 같다. 양시영과 양기탁 부자는 게일Gale, J. S.(1863~1934)의 『한영자전韓英字典』 편찬을 도운 한국인 8명 중의 두 사람이다. 이와 같이 부친은 한학자임에도 불구하고 신사상을 흡수하는데 적극적이었을 뿐만 아니라 두 아들을 교육하는데도 열성적이었다. 부친은 그에게 마을의 사숙에서 한문을 배우게 하였는데 그의 총명함은 동네에 자자하였다. 15세에는 한문 문장이 세련되었다고 하며 이때 익힌 한문 실력은 1908~1909년경 지은 몇 편의 시문에 잘 나타나 있다.

양기탁

제중원에서 공부하다

양기탁은 1886년 16세에 외아문의 제중원 학생 선발에 합격하여 서울로 올라왔다. 1885년 미국 북장로교 의료선교사인 알렌Allen이 제중원을 설립한 후 의사보조원이 필요하여 외아문에 학생 선발을 의뢰했던 것이다. 제중원은 처음 광혜원이라 하였는데 우리나라 최초의 서양식 의료기관이었다. 종전의 혜민서와 활인서를 혁파하고 새로이 설립한 왕립 병원이었다. 설립 이후 서양의술의 효과가 알려져 환자가 급증하자 조

제중원

제중원 간호원(1909년)

수 양성을 위해 학생을 선발하여 의학교육을 실시한 것이다. 양기탁은 1886년 2월 13일에 외아문 공문에 의해 평안도에서 선발되었다. 전국에서 16명을 선발한 시험에 합격한 것을 보면 양기탁이 매우 총명했음을 알 수 있다. 양기탁을 비롯하여 각 감영에서 선발된 16명의 학생들은 3월부터 외국어와 화학·제약·의술 등을 배웠다. 자존심이 강했던 양기탁은 교수와의 갈등으로 6개월 후 제중원의 외국어학교를 퇴교하고 이후에는 독학으로 자전의 도움을 받아 영어를 공부하였다.

그의 사회 진출에는 영어 실력이 크게 도움이 되었다. 이는 그의 부친이 외국어의 필요성을 일찍부터 자각하고 있었기에 가능했다. 부친 양시영 역시 영어에 밝았으며, 동생 인탁도 『대한매일신보』의 외보外報 번역부에 근무할 정도로 삼부자가 모두 영어 실력이 있었다.

양기탁은 이 시기 서울에서 평북 위원 출신의 유림인 나현태羅鉉泰를 만나 그의 문하생으로 사사 받으며 급변하는 국내외 정세에 대한 식견을 넓히는 한편 애국사상을 키워나갔다. 잠시 그가 동학과 관계를 맺었던 것도 이때였다. 그가 상경한 1886년은 갑신정변과 거문도사건 등의 여파로 정국이 어수선했던 시기였다. 개항 이후 축적되었던 내적 모순이 표출되어 나라 안팎이 크게 동요하고 있던 때에 소용돌이의 현장인 서울에 상경한 것이다. 양기탁은 비록 어린 나이였으나 이러한 정치적 정황에 적지 않은 충격을 받았다. 이 시기 그는 향후 민족지도자로서 갖추어야 할 식견과 안목, 그리고 국가와 민족에 대한 사상적 기틀을 잡아갔던 것이다. 이후 『한영자전』 편찬을 위해 부친과 함께 원산에 거주하면서 선교사 게일 등을 통해 서양문물을 흡수하였다. 1896년 상경하여

1895년 일본으로 건너가기 전까지의 10여 년간은 이후 그의 항일민족운동을 위한 준비기에 해당한다고 할 수 있다.

범할 수 없는 국사國士의 얼굴

양기탁은 그렇게 건강한 편이 못되었다. 4~5세 때 천연두를 앓았고 체구도 그리 크지 않았다. 장성한 후에는 만성적 위산과다증으로 고생했다. 또한 신경이 매우 예민하여 한때는 불면증에 시달리기도 하였다. 그러나 그는 신체적 조건과는 달리 대단히 심지가 곧고 과묵했다. 그는 영어와 일어를 잘하였지만 외국어 쓰기는 꺼렸다. 일본에 체류하면서 근대 문물을 접했고 더욱이 미국 선교사들과 두터운 교분을 맺고 있으면서도 여타 개화 인사들과 달리 1910년대까지 상투를 풀지 않았다. 한복 차림을 늘 고집했는데 이러한 점은 그가 '조선인'으로서의 긍지가 매우 강했음을 말해주는 예라 하겠다.

이뿐만이 아니다. 그는 예식원 번역관보로 근무하던 중 1905년 11월 17일 을사늑약이 체결되자 다음날로 판임관 6등에 해당하는 관직을 미련없이 던져버렸다. 또한 1908년 6월 『대한매일신보』 논설과 일부 기사내용이 문제가 되어 베델에 대한 재판이 있었을 때 그는 증인으로 출두하여 문제의 반일적인 논설과 기사 등을 모두 자신이 쓴 것이라고 주장한 바도 있다. 이밖에도 1912년 7월 '105인사건' 공판정에서 당당하고도 의연한 자세로 이렇게 말했다.

"무관학교 설립은 내가 한일합방 당시에 계획한 것은 사실이다. 그러나 지금의 이 일(사내총독 암살모의 사건)과는 별개의 것이다."

이처럼 시시비비를 분명히 한 점 등에서도 그의 곧은 성격의 단면을 엿볼 수 있다. 한말 구국계몽 운동의 핵심적 인사였기에 그는 통감부 시절부터 늘 일본 경찰의 주목을 받았다. 1908년 6월 베델 재판 때 재판정에 나선 그를 지켜본 당시 주한 영국 총영사는 그를 이렇게 평하였다.

양기탁

일본인들은 그에게서 조국에 대한 충성심으로 가득 찬 강직한 성품의 한국인 상을 발견하고 있으며, …… 나는 진정한 애국심으로 가득 차 있는 한국인들에게 유리한 방향으로 그가 영향력을 행사하여 이끌 수 있다고 확신한다. 그는 수년 동안 자유롭게 필봉을 휘둘러 왔다.

양기탁의 '강직한 성품과 충성스러운 애국심'은 일본 경찰들까지 인정한 것이었다. 사실 그는 대한매일신보사에 근무하는 동안 통감부 측으로부터 끊임없이 회유와 협박을 받았다. 그러나 그는 시류에 편승하는 기회주의자가 아니었으므로 어떠한 회유와 협박에도 굴하지 않았다. 한말 이래의 동지였던 박은식의 아들 박시창은 양기탁을 이렇게 평하였다.

부친과 함께 언론 활동, 해외 망명활동도 같이하여 아주 절친한 사이여서 저도 그분을 어려서부터 죽 뵈었지요. 아주 근엄하신 모습에다 말씀이 별로 없으며, 보통사람은 감히 농담도 붙일 수 없는 풍모였으나 무언중에 정이 통했지요. 반생을 옥살이로 지내신 강인하고 날카로운 성품에 음식이나 의복에 화려한 것을 통 모르셨습니다.

또, 조선일보사의 원로기자인 유봉영은 다음과 같이 그를 평하였다.

13~14세 어린 시절 나는 이미 운강선생이 『대한매일신보』의 주필로서 언론계에 큰 활동을 하고 계시는 줄 알고 있었다. 구한국이 망할 무렵 평북 철산 내가 살던 고향은 특히 항일사상이 팽배하여 신문들을 읽고서는 비분강개하곤 하였는데 특히 운강의 항일논설이 우리들을 크게 자극시켰다. 나라가 망한 후 일제가 조작한 105인사건에 우리 고향 부근 사람들이 많이 연루되어 이 사건에 대한 우리의 관심은 더욱 컸고 따라서 마지막 6인의 주모자 중 1인으로 끝까지 버틴 운강의 풍모를 더욱 주목하게 되었다. 그 이후 그분에 관한 소식은 단편적으로 들어왔고 나 역시 3·1운동에 상해·만주로 다니면서 독립운동에 관심을 가져왔지만, 그곳에서 그분을 직접 뵙지는 못했다. 사실상 나라가 망하게 될 때 선비들이 직접 행동으로 맞서 구국운동의 일선에 나서기는 어려운 일이나 운강은 일찍이 신문학에 눈떠 실제적인 독립사상을 익히고서 직접 문필로 민중을 깨우치는 한편 몸을 바쳐 독립운동에 앞장선 것이 감명 깊다. 참된 언론인이라면 나라가 어려울 때 구국에 앞장서는 기개가 절실한 것이며 우리는 바로 운강에게서 언론과 애국운동을 동일시하여 직결시킨 표본을

보게 된다.

동아일보사 기자였던 유광렬은 1920년대 만나본 양기탁을 다음과 같이 회고하였다.

『동아일보』가 창간될 때 유근과 양기탁 두 사람이 똑같이 신문계의 대선배이므로 편집감독으로 추대된 것이지만, 유근은 겉으로 보아서는 온후한 군자임에 비해 양기탁은 모습부터 강직하게 보이고 기른 수염과 함께 어디로 보든지 애국지사의 혁혁한 풍모가 역연하였다. …… 동아일보 창간호에 실린 양기탁 이름으로 쓴 「지知아, 부否아?」 제하의 글은 실상, 당시 논설을 쓰던 기자 이승규가 대작한 것이다. 이따금 양기탁이 신문사 편집국에 두루마기도 안 입고 고의적삼에 커다란 밀짚모자를 쓰고 나타날 때이면 젊은 기자들은 일제히 일어나서 경의를 표하였다. 그는 고요히 그 날카로운 얼굴이 풀리면서 웃고 한편 팔을 들어서 답례하면서 "어서 앉아서 일들 하여" 하던 것이 몹시 인상적이다. 그는 신문사에 별로 나오지 아니하였다. …… 별로 말이 없던 근엄한 모습이 회상될 뿐이다. 수척한 얼굴, 근심에 쌓인 듯한 얼굴, 범할 수 없는 국사國士의 얼굴이었다.

박시창과 유봉영 그리고 유광렬의 글들에서 일치되는 것은 오로지 독립운동을 위한 열망이 그의 풍모까지 변화시켜 날카로운 인상을 풍기게 되었다는 점이다. 그러나 그는 풍류를 즐거워하고 감성이 풍부하였는데, 이는 그가 지은 시조에서도 알 수 있다.

별동도제공別東渡諸公

한번 기적소리에 만 리 정감이 일고,
그대의 씩씩한 뜻 그 가는 길이 기쁘도다.
술이 깨니 이렇게 갈라설 줄 몰랐고,
꿈이 차가우니 자못 피리소리 듣기 힘들도다.
서로 그리우메 단지 찬 등잔만이 비추고
너무 오래 떨어져 있어 응어리 한이 일어나네.
국화꽃 핀 어제 억지로 이별했는데
눈 내려 거연히 절기가 놀랍다네.

서분書憤

소원이 있어 향을 피워 하늘에 호소하니,
하늘은 말이 없고 푸른 구름이 비꼈구나.
일본에 유랑하는 친구 모두 건재하고
태극신편엔 눈이 다시 밝아지네.
처량한 달 어느 때고 옛정이 없으리오.
계산엔 한가한 정 보낼 곳이 없구나.
인생 40이 유수같이 지나갔으나
닥칠 일 생각하니 만사가 가볍구나.

1909년에 쓴 한시들을 보면 그가 정이 많고 친구들과의 기약 없는 이별을 슬퍼하며 계절을 민감하게 느끼는 서정적 시인의 품성을 지니고 있었음을 알 수 있다. 이 당시 그는 일제와 타협하거나 변절한 자들을 『대한매일신보』를 통해 가차없이 응징하였으나, 그 이면의 마음 한쪽에는 순수한 인간적인 풍모가 넘치고 있었던 것이다.

그는 또한 부모에 대한 효성이 지극하였다. 1920년 고금도에 유배되었다가 방면되면서 어머니와의 재회를 가장 큰 기쁨이라고 말할 정도였다.

"내가 지금에 내지로 돌아가게 되는데 아무 기쁜 일이 없으되 오직 모친의 얼굴을 다시 뵈옵는 것이 이 세상의 유일한 기쁨이다."

그는 1910년대에 치른 가혹한 옥고와 고도에서의 유배생활도 긍정적인 태도로 이겨내었다. 유배지에서 돌아온 그를 방문한 어느 기자와의 대담에서 이러한 성품을 엿볼 수 있다.

나의 생활은 기왕에도 한사寒士 생활이오. 현재에도 한사생활이오. 또 미래에도 그럴 줄 압니다. …… 나는 비관은 없어요. 즐거워 합니다. 고생도 낙이요 걱정도 낙이오, 나는 낙주의자樂主義者입니다.

선과 악의 구별이 엄격한 그였으나 낙관적 태도를 가지고 어려운 현실을 극복하려 하였다. 그가 험난하고 오랜 민족운동의 길에서 잠시도 멈추지 않고 흔들리지 않으며 정진할 수 있었던 것도 이러한 낙관적 태도가 힘이 되었을 것이다.

톨스토이를 흠모하다

그는 러시아의 문학가이자 인도주의자인 레오 톨스토이를 흠모하였다. 만주에 있었던 1928년, 그는 톨스토이의 탄생 100년을 맞아 다음과 같은 글을 썼다.

> 옹의 일상생활은 검약을 위주하여 육식을 금하고 채식주의를 실행하였으며 의복에도 항상 면포류를 입고 가정에서는 친수로 급수, 채신과 식기 운반과 서실 정리 등을 행하여 노복이나 하인 등을 두지 않았으며, 외출시에는 항상 도보로 행하였으니 옹은 진실로 노동생활을 신성시하고 역행 궁천한 제1인이었다. 옹의 성격에는 혁명적 기분이 농후하여 도덕적 혁명에 매진한 자다. 그러기에 그 주위의 사람에게 호감을 얻지 못하여 부인까지와도 의견이 합치되지 못하였다. 그뿐 아니라 옹은 만년에 종교적으로 혁명주의를 창도하기 때문에 교회에서는 파문을 당하고 정부에서도 박해를 더하여 로만 롤랑의 말을 빌면 "옹의 만년생활은 지극히 고독하였다. 그럴지라도 그 고독은 광영의 고독이라"고 한 것이다. 옹은 박애를 설파하고 금욕을 주장하였다. 평민의 질고에 동정하여 재산의 방기를 행하고 "사람은 이마에 땀을 흘리어야 먹고 살리라"한 신조를 실행하기 위하여 몸소 망치를 잡고 화공 노릇을 하고 괭이를 들고 농사일을 하였다. …… 옹은 마침내 출가를 결심하고 먼 길을 떠나 인간고를 친히 맛보다가 1910년 11월 10일 남방 노서아의 한 적적한 정거장 겸 소옥에서 병사하였다. 아아 위대한 죽음인저! 옹의 출생 백 년 되는 탄생일을

당하여 옹의 사상에 많은 훈도를 받고 옹을 숭배하여 마지않는 나로서는 …… 일반 독자도 필자와 같이 옹의 출생에 대하여 뜨거운 감사가 저절로 격용할 것을 믿는다.

윗글에서 양기탁은 톨스토이의 성격이나 생활태도 등을 흠모하고 있었음을 알 수 있는데, 주위의 사람들이 양기탁을 평한 글에서도 그와 톨스토이의 생애나 사상에서 유사한 점을 볼 수 있다. 두 사람은 구도자적 고행의 생활태도, 그리고 종교적 혁명성까지도 비슷하다. 또 이 두 사람은 고독했던 마지막 임종도 비슷했다.

다음 해인 1929년 잡지 『신생』 제1호에 기고한 국내에 있는 동포들에게 보낸 신년사에서 그는 진실·노력·실행만이 우리 민족을 구하는 길이라고 말하면서, 지나간 일이 실패한 것을 반성하였다. 양기탁의 글은 모두 현실의 구도이자, 혁명이요, 개선을 위한 것이었다. 그리고 그 내용도 민족운동가로서의 고행의 표현이자, 호소였던 것이다.

양기탁은 처음 김해 김씨와 결혼하여 딸 하나를 두었으나 상처한 후 이경숙李敬淑과 재혼하여 1남 4녀를 두었다. 장남 효손孝孫이 1911년에 출생한 것으로 보아 양기탁이 41세에 얻은 아들이다. 양기탁이 중국으로 망명할 때 학업 중이던 외아들 효손은 김성수金性洙에게 맡겨졌고 장성한 후에는 한말 광산왕으로 알려진 최창학崔昌學의 도움을 받다가 1940년 그의 딸 최선옥과 결혼하였다. 큰딸과 둘째 딸은 각각 1921년, 1923년생으로 부인 이경숙이 양기탁을 쫓아 중국으로 망명한 후에 얻은 자녀들이다. 막내 딸은 양기탁이 중국 상해로 이주하기 전에 얻은

늦둥이다. 중국으로 이주한 가족들은 양기탁이 만주에서 활동할 때에는 함께 거주하였다. 둘째 딸의 편지에 의하면 7살 때 부친과 헤어진 후 영영 만나지 못했다고 하니, 1930년 상해로 이거하면서 가족과 헤어진 것 같다. 부인 이경숙도 양기탁의 생사를 알지 못하다가 1940년경 중국에서 사망하였다. 장남 효손을 제외한 가족들은 모두 중국에서 귀국하지 못하였다.

민족운동을 준비하다 02

『한영자전』 편찬에 참여하다

양기탁이 외국어학교 수학과 독학을 통해 닦은 영어실력은 1896년에 완성을 본 게일의 『한영자전』 편찬에 참여할 정도로 뛰어났다. 게일은 캐나다 출신의 선교사로서 언어연구에도 관심이 많았다. 『구운몽』·『춘향전』·『심청전』·『흥부전』 등을 영어로 번역하여 미국 도서관에 보내기도 하고, 1919년에는 『텬로역정』을 번역하였다.

그는 1888년 12월 12일에 내한하여 1889년부터 부산에서 선교사업을 시작하였다. 1891년부터는 미국 북장로교 소속의 선교사로 전임되었고 원산에 주재하면서 함경도, 황해도, 강원도 산골을 찾아다니면서 전도하였다. 이 시기의 서북지방 인상을 기록한 것이 『코리안 스케치』로서, 그는 이 글에서 한국의 고유한 전통문화를 높이 평가하였다.

게일은 1898년 서울로 이주하였는데 그가 담임했던 연동교회는 우리나라의 많은 개화파 인사들의 모임터가 된 곳으로 유명하다. 이른바

선교여행 당시의 마펫과 게일

개혁당사건으로 체포된 후 감옥에서 전도를 받고 개종한 이상재·유성준·이원긍·홍재기 등이 모두 연동교회 입교인이다. 그러나 1904년 러일전쟁을 전후한 시기에 일본의 세력이 확대되자 한국에 파견된 많은 선교사들이 선교활동을 위해 친일적 행적을 보였다. 게일도 이후 일본의 조선지배를 찬양하는 친일 선교사로 변모하였다.

게일은 1891년부터 『한영자전』 편찬에 착수하였다. 1892년 6월부터는 원산으로 가서 선교활동을 벌이면서 『한영자전』의 편찬작업을 진행하였다. 이 시절 양기탁도 부친과 함께 원산에서 사전편찬에 참여하였던 것으로 보인다. 게일은 양기탁이 구해준 한국의 고시조를 영문으로 번역하기도 했다. 게일은 1895년 12월 원산을 떠나 일본 요코하마로 가서 1897년 5월까지 머물며 사전의 조판 및 인쇄, 제작과정을 감독했다. 양기탁도 거의 같은 시기에 일본으로 건너가 1896년 5월부터 1년가량 나가사키長崎 상업학교에서 한국어 교사로 근무하였다. 나가사키는 서양의 문물을 가장 먼저 받아들인 개항장이었고, 외국과의 무역이 성행했기 때문에 중요한 이해관계가 있는 국가의 외국어 교육이 일찍 실시되었던 것이다.

양기탁이 나가사키에 갔던 1895년은 청일전쟁이 일어난 직후였다. 나가사키는 청일전쟁의 병참기지가 되어 경제적 호황을 누리고 있었다. 이 기간에

일본 거주 당시의 양기탁

그는 메이지유신 이후 일본에서 추진되고 있던 각종의 근대적 사업과 서구의 신문물을 접하였다. 특히 2년간의 일본 생활을 통해 그는 청일전쟁 이후 한반도를 둘러싼 국제적 역학관계에 대한 안목을 키웠다. 청국과 일본·러시아·미국 등 한반도를 둘러싼 열강 등이 자국의 이익을 위해 제국주의적 세력 다툼에 광분하고 있다는 사실을 점차 인식하게 되었던 것이다. 양기탁이 1897년 5월 귀국과 동시에 곧바로 독립협회에 가담하여 정치운동에 참여한 것도 이러한 그의 대외인식에서 비롯되었다.

독립협회에 참여하여 민족운동에 나서다

독립협회는 미국에서 귀국한 서재필의 발의로 1896년 7월 안경수·이완용·김가진 등 정부 측 고위관리와 윤치호·이상재·남궁억 등 정동구락부 측의 인사, 곧 친서구적 기독교계 인사들을 발기인으로 발족하였다. 처음에는 일종의 사교단체 내지 사회계몽단체의 성격을 크게 넘지 않았다. 그러나 점차 그 성격이 정치단체로 변모하게 되었으니, 이는 당시 급변하던 정치 상황의 결과였다. 즉 을미사변 이후 제3차 김홍집 내각이 무너지고 아관파천으로 친러정권이 들어서는 등 한반도를 둘러싼 열강의 이해관계가 첨예하게 표출되었다. 이러한 정국의 변화에 따라 독립협회는 사회계몽단체로서의 성격을 벗어나 국권수호운동과 민권운동의 정치단체로 변모하였던 것이다.

한편 고종은 1897년 2월 러시아영사관에서 환궁한 후 동년 10월 황제즉위식을 갖고 대한제국을 선포하여 광무개혁을 단행하였다. 양기탁이 일본에서 귀국하여 독립협회에 가담하던 당시는 이와 같이 대내외적으로 변혁을 맞이하던 시기였다. 그는 귀국 즉시 독립협회에 가담하였는데, 입회와 동시에 총무급의 직위에 임명된 점 등으로 보아 귀국 전부터 이미 독립협회와 사전연계가 있었던 것으로 보인다.

1898년 1월 러시아는 부산 절영도의 조차租借를 강력히 요구하며 군함을 부산에 입항시키고 러시아 수병들을 절영도에 상륙시켰다. 일본을 비롯하여 미국·영국·프랑스 등도 경쟁적으로 대한제국의 이권을 요구하여왔다. 이에 독립협회는 외국의 군사권과 재정권 간섭을 규탄하고,

『대조선독립협회 회보』(1897년 1월 15일)

대외적으로 완전한 자주독립을 주장하였다. 대내적으로는 입헌정치를 주장하며 탐관오리의 제거와 대대적인 내정개혁을 요구하고 이를 위해 적극적인 민족운동을 전개할 것을 선언하였다.

독립협회는 1898년 2월 27일 독립관에서 통상회를 열어 러시아의 절영도 조차 요구를 성토하고 외부外部에 강경한 항의문을 발송하였다. 그럼에도 친러파 정부가 절영도 조차를 인허하려 하자 독립협회는 이를 실력으로 저지하기로 하였다. 독립협회는 3월 10일 종로에서 만민공동회를 개최하여 국민의 힘으로 러시아의 침략정책을 저지하고 자주독립을 공고히 하기로 하였다. 이날의 만민공동회에는 1만여 명의 시민이 참여하여 러시아의 군사교관과 재정 고문의 철수를 요구하는 결의문을

만민공동회에서 연설하는 이상재

통과시켰다. 이러한 시민들의 열화같은 요구에 놀란 정부는 러시아 재정고문과 군사 교관을 해고하고 한러은행도 철폐하였다.

이어서 독립협회는 의회 설립과 친러수구파 정권의 퇴진을 요구하여 마침내 개혁파 정부를 세우는데 성공하였다. 그러나 수구파 인사들의 모략으로 독립협회의 지도자들이 체포되었고, 이들의 석방을 요구하는 만민공동회가 연일 계속되었다. 11월부터는 신진지식인들이 만민공동회의 13개 부서 간부직을 담당하여 활동을 강화하였으나 의회 격인 중추원의 개원을 앞두고 12월 23일 고종의 명에 의해 군대와 보부상들의 무력 기습으로 만민공동회는 해산되고 말았다.

양기탁은 이러한 독립협회와 만민공동회의 활동에 적극 참여하였다.

투옥된 독립협회 회원들

구체적인 활동내용은 확인되지 않으나, 독립협회에서 총무급의 간부였으므로 협회 활동의 궂은일과 실무를 맡아했을 것이다. 양기탁은 독립협회의 자주운동과 민권운동이 첨예화되던 1898년 11월 이후 이 운동의 중심체로 부상한 만민공동회의 시위운동을 주도한 혐의로 1899년 1월경 구속되었다. 결국 만민공동회의 민권운동은 대한제국 보수세력에 의하여 좌절되고 말았고 양기탁의 활동 역시 얼마간 정지될 수밖에 없었다.

그가 다시 민족운동에 나선 것은 1902년이었다. 민영환·이준 등에 의해 만들어진 비밀결사 개혁당의 조직요원 명단에 그의 이름이 보인다. 개혁당이란 친러수구파의 탄압정치하에서 개혁정치를 도모하기 위

이준 열사 묘소 자리(네덜란드 헤이그)

1908년에 신축된 경성감옥(서대문형무소의 전신)

해 독립협회의 잔여 개혁파들이 조직한 민족운동 단체였다. 개혁당을 조직할 때 이준이 민영환에게 당원 선정을 의뢰하였는데 민영환이 '이상재와 양기탁을 추천하였다'는 것을 보면 양기탁이 이미 민족운동계에서 널리 알려져 있음을 알 수 있다. 그러나 양기탁은 당시 감옥에 수감된 상태였으므로 개혁당 활동에 직접 참여하지는 못하였다. 개혁당은 1902년 6월 이상재가 구속된 것을 시작으로 정부의 탄압을 받아 해산되었다.

양기탁은 이에 앞서 1901년 '사전주조私錢鑄造' 혐의로 체포되어 태형 100도와 종신징역에 처해졌다. 그러나 이는 양기탁의 정치 활동을 막기 위해 조작된 사건이었다. 한성감옥에서 억울한 옥살이를 하게 된 것이다. 하지만 그는 이를 오히려 민중교화의 한 방법으로 삼았다. 이승만과 함께 1902년 9월부터 감옥 안에 학교를 설립하여 무지한 죄수들을 가르치기 시작한 것이다. 형무소의 한 칸을 치우고 한글과『동국역사』·『명심보감』같은 책을 교재로 가르치다가 영어와 일어, 지리, 문법 등으로 과목을 늘렸다. 성인반은 같은 감옥에 있던 신흥우가 맡고 소년들은 양기탁이 담당하였다. 양기탁은 형무소 내의 도서관에서 사전과 영어 성경을 빌려 영어와 성경을 공부하기도 했다.

한성전기회사와 예식원에 근무하다

무고한 사건이었으므로 종신징역형에도 불구하고 양기탁은 2년 만인 1903년 3월경 출옥하였다. 출옥한 양기탁은 당시 외국인 기술자들의

한성전기회사

왕래가 빈번한 한성전기회사에 사무원으로 근무하게 되었다.

한성전기회사는 1898년 미국인 콜브란 보스트위크 등에 의해 설립된 후 1909년 경영권이 일본으로 넘어가기 전까지 미국인에 의해 운영되었던 한국 최초의 전기회사이다. 1899년 한성전기회사 설립 직후 전기기사 겸 기술고문관으로 덴마크인 뮐렌스테트가 내한하였는데 그에게는 기술분야 이외에도 전보학도의 교육과 전기 사업에 대한 일체의 책임이 맡겨졌다. 따라서 그는 외국어 전신, 전문을 한국어로 번역할만한 유능한 한국인을 구해야 했다. 영어에 능할 뿐 아니라 일어에도 밝은 양기탁은 바로 뮐렌스테트가 필요로 한 조건을 고루 갖춘 한국인이었다. 양기탁은 한성전기회사에서 주로 전신, 전문의 한국어 번역 등의 업무를 보았다. 1904년초 베델에게 양기탁을 소개해 준 사람도 뮐렌스테트였다. 또한 양기탁이 1904년 3월 9일자로 궁내부 예식원 번역관보에 임명되는데도 뮐렌스테트의 도움이 있었던 것으로 보인다.

양기탁은 한성전기회사에 사무원으로 근무하며 각국에서 들어오는 뉴스들을 전보를 통해 알 수 있게 되었다. 한성전기회사 근무는 국제정세에 보다 더 밝은 안목을 갖게 된 점에서 양기탁에게 중요한 계기였다.

1902년 영일동맹이 맺어지고 러시아와 일본의 각축이 심각하여 전운을 몰고 오자 양기탁은 국운에 대해 우려하지 않을 수 없었다. 그리하여 국제정국에 어두운 고종에게 접근할 방도를 강구하게 되었다. 그 방법이 고종의 측근에서 일할 수 있는 예식원禮式院의 관리가 되는 것이었다. 예식원은 궁내부宮內府 소속의 기관으로 외국사신의 문서와 국가문서 등을 해석하거나, 직접 통역을 맡아보던 관청이었다. 원수부는 군사, 예식원은 외교, 통신원은 정보를 관장하고 있었는데 고종은 측근들에게 이를 맡겨 정치를 이끌어갔다. 당시 예식원의 관리들은 해외 사정에 밝은 지식인들이었고, 외국어에 능통한 정계의 실력자들이었다.

1904년 2월 드디어 러일전쟁이 일어났고 양기탁은 동년 3월 예식원의 번역관보에 임명되었다. 양기탁이 예식원 관리가 될 수 있었던 것은 뮐렌스테트와 민영환의 추천이 크게 힘이 되었다. 두 차례의 서구순방을 통해 개화개혁사상을 갖게 된 민영환은 원수부 총장과 예식원 원장을 겸임하였고, 개혁당 당시에도 외국어와 국제정세에 밝은 양기탁을 이준에게 추천한 바 있었다. 영어통역관이 된 양기탁은 직접 고종을 알현할 수 있을 뿐 아니라 외국사절 사이에서 정치 이면사를 파악할 기회를 얻게 되었다.

　양기탁의 생애에 있어 예식원 근무기간은 1904년 3월부터 1905년 11월까지 2년이 채 안 되지만 중요한 의미를 가진다. 무엇보다도 러일전쟁 발발 이후 각국 공사관 특히 일본에 관한 외교문서를 직접 취급함으로써 누구보다 일본의 주권침략에 대한 야심을 간파할 수 있는 자리에 있었던 것이다. 그가 『대한매일신보』를 창간하는데 참여할 수 있었던 것도 바로 예식원에 근무했기에 가능한 일이었다. 한편 이후 조여드는 일본의 주권침략 계획을 간파한 그는 더 이상 외국문서의 번역작업에 매여 있을 수만은 없었다. 쓰러지는 조국을 붙들기 위해서는 민족운동에 뛰어들어야 했다. 그 첫 일이 『대한매일신보』 창간과 이를 통한 항일언론투쟁이었다.

『대한매일신보』를 창간하여 민족운동의 전면에 나서다 03

『대한매일신보』를 창간하다

『대한매일신보』 창간을 주도한 것은 대한제국이었다. 당시 영자신문 발간의 필요성을 누구보다도 절감하고 있던 쪽은 대한제국이었다. 그 이유는 러일전쟁의 발발에 있었다. 1904년 1월 러시아와 일본 사이에 전운이 감돌자 대한제국 정부는 서둘러 대외에 국외중립을 천명하였다. 같은 해 1월 21일에서 29일 사이에 영국·독일·프랑스·이탈리아 등 외교관계를 맺고 있던 나라들로부터 국외중립 선언을 수락한다는 통보를 받기도 하였다. 그러나 일본군은 대한제국 정부의 국외중립 선언을 무시한 채 2월 9일 서울에 진주하였으며, 이튿날 10일 러시아에 선전포고를 하였다. 뿐만 아니라 같은 달 23일 한일의정서를 강제로 체결하여 사실상 대한침략을 합법화하려 하였다. 따라서 국외중립 선언은 유명무실화될 위기에 처하였지만, 대한제국 정부는 이러한 사실을 대외에 신속히 알릴만한 언론기관을 전혀 갖고 있지 못한 처지였다. 1899년 7월 영문판 『독립신문』이 폐간된 이래 한국의 정치적 상황을 대외에 알릴 만한 언론기관은 전무한 상태였다. 따라서 한국이 처한 정치적 위기를 세계에 알릴 신문사를 창립하는 일은 대한제국으로서는 초미의 일이 아닐 수 없었다.

당시 대한제국의 행정구조로 보아 대외에 국내사정을 알릴 만한 영자신문의 발행을 추진할 기관은 궁내부 소속의 예식원이 제일 적합하였다. 예식원 내에는 문서과·외사과·번역과 등이 있었는데 이 기관의 종사자들은 외교관계 문서를 취급함으로써 비교적 외국 사정에 밝을 뿐만 아니라 외국인과 자주 접촉할 수 있어 이 일을 추진하기에 제일 적합하였다. 일의 추진과 실무는 당시 예식원 회계과장인 백시용이 맡고, 외무과장 현상건과 번역과장 고의경 등의 협조를 받았다. 특히 고종황제의 은밀한 명과 자금을 받아 신문창간 사업을 서둘렀다.

영자신문의 발간을 위해서는 외국인 발행자를 선정하는 일이 급선무였다. 이에 내한해 있던 외국인 기자 중 고웬과 베델 두 사람 중 한 사람을 선정하고자 하였다. 고웬은 『재팬타임즈』 특파원으로 친일로 기울어진 인물이었기 때문에 자연히 반일적인 베델로 결정되었다.

베델은 러일전쟁이 발발하자 이를 취재하기 위해 내한한 영국인 기자였다. 그는 내한 전에 일본 고베神戸에서 오랫동안 상주한 바 있어 일본을 잘 알고 있었다. 특히 그곳에서 잠시 경매인 등 상업활동을 하던 중 일본인의 농간으로 재산상 큰 손실을 본 일이 있어 일본과 일본인에 대해 개인적으로 원한을 갖고 있던 터였다. 사실상 베델 개인은 당시 대규모의 자본을 요하는 신문사를 설립할 만한 형편에 있지 못하였다. 그

나마 갖고 있던 자산을 일본에서 매매업 등에 투자하다가 탕진한 후 내한하였기 때문에 더욱 어려운 처지였다. 반면 바로 이러한 베델의 경제적인 어려움과 반일적인 입장이 그를 선택하게 한 요인으로 작용했다. 또한 향후 반일적인 논설과 기사 내용 등으로 문제가 될 경우를 감안하여 일본과 군사동맹을 맺고 있던 영국의 국민이라는 치외법권의 특권을 갖고 있던 점도 고려되었다. 발행인이 결정되자 이제 실무를 총괄할 한국인 실무자 선정에 나섰는데 이는 쉽게 양기탁으로 결정되었다.

대한매일신보사 사장 베델

양기탁은 1904년 3월 예식원 번역관보에 임명된 이래 1905년 11월까지 예식원에 근무 중이었다. 더욱이 그는 뮐렌스테트의 소개로 베델이 서울에 왔을 때부터 알던 사이였다. 베델은 1904년 3월 10일 서울에 왔는데 양기탁이 베델의 통역과 번역일을 해 주었던 것이다. 베델과 호흡을 맞출 수 있는 한국인으로는 양기탁이 가장 적임이었다. 이에 따라 양기탁은 신문 창간 때부터 관여하여 신문 발간에 따른 일체의 업무를 관장하는 총관리인의 위치에서 실제적인 운영을 맡았다. 『대한매일신보』는 형식상 베델이 발행인으로 되어 있으나 사실상 양기탁에 의해 주도되었던 것이다.

마침내 1904년 7월 18일 서울 박동(지금의 종로구 수송동)에서 『대한매일신보』가 창간되었다. 창간 당시에는 타블로이드판 6면으로 국문 2면, 영문 4면이었다. 국문 2면은 순한글로 만들었다.

『대한매일신보』 발행에는 고종도 지극한 관심을 가져 은밀히 내탕금을 내어 신보사의 운영을 지원하였다. 고종의 내탕금을 마련해 준 공로자는 이용익이었는데, 그는 고종의 신임이 두터운 인물로서 『대한매일신보』 창간 시에 자금을 내기도 하였다. 고종은 『대한매일신보』가 창간된 이후에도 지속적으로 재정적인 후원을 아끼지 않았다.

양기탁이 신문을 창간하던 초기에는 예식원과 신문 업무를 겸직하며 고종과 항일언론계를 잇는 다리 역할도 하였다. 그러나 1905년 11월 17일 을사늑약이 강제 체결되자 이튿날 바로 예식원을 사직하고 신문 업무에 전념하였다.

양기탁은 신문 발행의 실무뿐만 아니라 영자신문의 논설 및 기사내용을 한글로 번역·편집하는 일 등도 도맡았다. 『대한매일신보』가 러일전쟁 와중에 창간되었으므로 창간 초기 신문의 주된 내용은 러일전쟁에 관한 것이었다. 신보 측은 러일전쟁에 관한 외신보도 중 러시아 측에 유리한 보도를 의도적으로 게재하였다. 뿐만 아니라 전쟁에 관한 보도에 대해 일본공사관 측이 정부 측에 사전 검열을 요구해 오자, 이는 전황을 일본 측에 유리하게 조작·보도하도록 한 조치라고 하며 이를 강력하게 비판하기도 했다.

1905년 8월 이후 전쟁이 일본의 승리로 기울자 신보의 보도방향과

대한매일신보사 편집국 직원들

대한매일신보사 공무국 직원들

「대한매일신보」 한글판 창간호

논설의 성격도 점차 변화를 보였다. 한편 1905년 8월 11일자부터 제호도 『대한매일신보大韓每日申報』로 변경하여 국한문 혼용체제로 하면서 신보의 편집과 체제를 일신시켰다. 또한 국문판과 영문판을 분리시켜 따로 발행하였다. 영문판은 『코리아데일리뉴스The Korea Daily News』라 하였다. 이후 1907년 5월 23일 순한글판 『대한매일신보』를 새로 창간하여 국한문판·영문판·순한글판 등 세 종류를 발행하게 되었다. 기사와 논설 내용도 앞서의 러일전쟁 등에 관한 대외적인 관심에서 국내문제와 일본의 대한정책 등 전쟁 이후 밀어닥칠 대내적인 문제에 더 관심을 보이기 시작하였다. 사실상 앞서의 영자판 신문은 국내 한국인 독자에게는 별로 의미가 없었으며, 한글판 역시 영문판 내용을 그대로 번역하여 이틀 정도씩 늦게 게재한 것이기에 기사로서의 신속성이 떨어지고 있었다.

피의 투쟁을 독려하다

이같이 신보의 편집체제가 국한문 혼용체제로 바뀌자 이를 위한 전문적인 한학 문장가를 필요로 하였다. 이전까지는 양기탁 혼자서 베델이 게재한 영문판 내용을 번역·게재하면 되었으나, 편집체제가 바뀜으로 한학에 조예가 깊은 논객을 필요로 했던 것이다. 박은식(1859~1926)·신채호(1880~1936) 등 당대 이름을 날리고 있던 한학 문장가가 신보의 논설위원으로 초빙된 것은 이러한 연유에서였다. 마침 박은식과 신채호는 그들이 몸담고 있던 『황성신문』이 을사늑약을 규탄한 논설「시일야방성대곡」사건으로 정간됨에 따라 신문사 일을 놓고 있던 때라 이들을

박은식

신채호

신보사 논설위원으로 초빙할 수 있었다. 양인을 초빙하는 일 역시 양기탁의 주선에 의해서였다. 이로써 당대 제일의 논객 양기탁·박은식·신채호 3인이 모두 신보사에 모여들게 되었다. 따라서 신보의 항일민족지로서의 위상이 더욱 고양되었음은 물론이다. 여기에 외국인인 베델이 발행인으로 되어 있어 치외법권의 이점으로 『황성신문』과 같이 쉽게 정간될 염려도 없었으므로 이들 3인은 반일적인 논설과 기사를 과감하게 게재했다.

이들 3인이 신보의 주필과 편집책임을 맡으면서 변화된 논지의 대표적인 예를 신보의 의병기사에서 엿볼 수 있다. 신보의 초기 의병에 관한 논지는 매우 보수적이며 비판적이었다. 3인이 신보에 관계한 초기까지도 의병을 도적의 무리로 보고 있었다. 그러나 1907년 8월 군대해산 이후 전국적으로 무장 의병이 봉기하자 신보는 잡보 난에 '의병소식', '의병상보義兵詳報' 등 의병에 관한 고정 지면을 정해 놓고 이후 전국에서 봉기한 의병들의 활동을 소상하게 소개하였다. 뿐만 아니라 이때부터 의병의 활동에 대해 적극적으로 평가하였다. 예컨대 1907년 9월 18일자 논설에서 각지에서 의병을 진압한다는 명분으로 일본 군사들이 저지르고 있는 만행을 규탄하고, 날로 규모가 커지는 의병 봉기를 '자연스러운 결과'라며 긍정적으로 평가하였다. 또 "우리가 모두 단결해서 의병과 같은 무력과 국혼을 살려 일본과 싸우면 반드시 자주국가를 이룩할 것이다"라고 하여 의병항쟁을 찬양하였다. 1908년 5월 16일자 논설에서는 '혈血의 항쟁'의 정당성을 강조하였다.

> 금일 세계는 혈血 세계라. 문명도 혈이 아니면 진進치 못하며 ……
> 고로 기민其民은 혈민血民이 되며 기국其國은 혈국血國이 되어야 장엄 국토莊嚴國土가 내현乃現하나니 ……

민영환과 혈죽 사진

양기탁은 『대한매일신보』를 통해 순국하는 애국심, 행동으로 표현되는 애국심을 높이 평가하고 고무하여 직접 앞에 나서서 몸으로 싸우는 의병적 방식의 항일운동을 독려하였다. 또한 독일 통일의 기초가 된 철혈재상鐵血宰相 비스마르크에 대한 투쟁을 소개하고 현재 세계에서 패권을 쥐고 있는 나라들이 모두 그 국민의 뜨거운 피의 효력 덕분이라고 하였다. 비록 의병의 활동이 지나쳐 백성의 생활에 불편을 끼친다고 해도 그것은 일본의 탓이지 의병의 잘못이 아니라면서, 오히려 백성이 의병이 되어 나라를 구하는 것은 국민의 의무이자 사명이며 우리나라의 전통이라고 역설하였다.

을사늑약 때 순절한 민영환을 본보기로 하여 많은 자결기사와 이를 추앙하는 글을 게재하여 민중의 의협심을 북돋웠다. 특히 젊은이들의 의협심을 일깨우기 위해 양기탁이 쓴 「학계學界의 꽃花」이라는 논설에서는 국권회복을 위해 헌신할 것을 피로서 맹세한 17명 학생의 혈서 사실을 소개하고 '젊은이의 피 없이는 나라를 찾을 수 없다'고 역설했다.

학계의 꽃

장하다. 저 열일곱 학생의 손가락 피여. 맹렬하다. 저 열일곱 학생의 손가락 피여. 나는 그 피를 위하여 노래하며 그 피를 위하여 춤을 추노니 무릇 한국에 인정이 있는 남녀들이여 모두 이 피를 위하여 노래하고 춤을 출지어다. 나는 저 피에 대하여 탄식하며 우노니 무릇 한국에 눈물이 있는 남녀들이여 이 피에 대하여 탄식하며 울지어다. 저 열일곱 학생의 손가락 피는 무슨 피인가. 나라를 사랑하는 피며, 때를 근심하는 피며, 강개하고 열성의 피니, 장하다. 저 열일곱 학생의 손가락 피여. 맹렬하다. 저 열일곱 학생의 손가락 피여.

보창학생 50인이 모여 집을 보전할 마음이 나라에 옮긴다는 문제로 연설하다가 …… 그중에 열일곱 사람은 혈성이 더욱 발발하여 하늘을 가리키며 맹세를 발하여 가로되 우리가 한국을 반드시 회복하리라, 우리가 우리 한국 동포를 반드시 건지리라, 우리가 우리 삼천리 강산을 반드시 보전하리라, 우리가 우리 사천년 역사를 반드시 빛내리라 하고 각각 찼던 칼을 빼어 손가락 한 개씩을 베어 흐르는 피로 동맹하는 글을 썼다 하니

장하다, 저 열일곱 학생의 손가락
피여 …….

1908년 3월 25일에는 장인환·전명운이 친일 미국인 스티븐스를 처단한 사건 전모를 상세히 보도하고, 장인환·전명운 의사의 행적을 기록한 「양의사합전兩義士合傳」을 국내에 배포하였다. 또한 두 의사가 스티븐스 처단의거로 미국에서 재판을 받게 되자 이를 후원하는 의연금 모금을 주도하였다. 양기탁과 임치정·이갑·유동열·김붕준 등이 발기하여 국내에서 두 의사의 재판 비용 등을 모금하였

전명운(좌)과 장인환(우)

고, 모금액 총 1천 3백여 원을 두 의사에게 송금하여 국내 동포들의 뜨거운 성원을 전달하였다.

1908년 4월 2일자 논설 「일본의 3대 충노忠奴」에서는 현재 이 나라에는 일본의 3대 충실한 노예가 있다고 하면서 일진회의 송병준, 동아개진교육회의 조중응, 유림 친일화에 앞장선 신기선 등 3명을 친일 주구배의 대표적 인물로 거명하여 비판하기도 하였다. 뿐만 아니라 1908년 3월 6일자 논설을 통해 향후 신보에서 관보게재를 일체 중지할 것을 선언한 바도 있었다. 그 이유는 을사늑약 체결 후 관리의 등용과 행정개혁

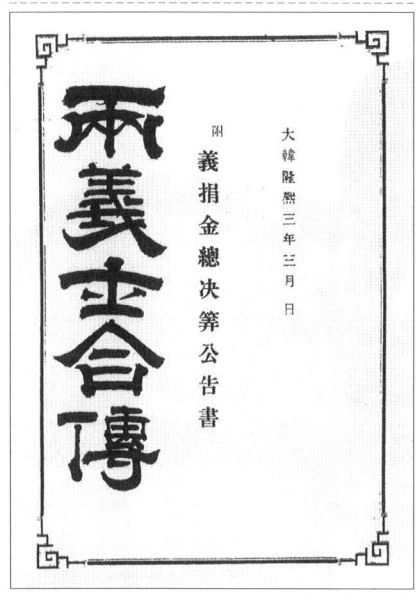

『양의사합전』

등이 이미 한국 정부의 손을 떠나 일본에 의해 좌우되고 있으므로 더 이상 관보를 게재할 의미가 없어졌기 때문이라는 것이다. 이러한 관보게재 중지는 사실상 일본의 통감정치에 대한 정면 도전이었다.

『대한매일신보』는 일제의 한국 침략을 직접적으로 통박하는 기사와 논설을 지속해서 게재하였다. 특히 광무황제가 을사늑약 체결을 거절하였는데 일제가 이를 강압적으로 체결하였으므로 일제의 통감부 설치는 불법이라고 하였다. 광무황제의 '헤이그 특사사건'을 처음으로 국민에게 보도하고 일본인에게만 황무지 개간을 허락한 것 등을 비판하였다. 또 통감부의 선전용 책자인 『한국의 개혁과 진행』을 비난하면서 학부의 '교과서 검정방법'은 망국적이라고 통박하였다. 그리고 일진회를 비판한 「한일 합병론자에 고함」이라는 논설을 게재하여 압수되기도 했다. 이러한 강고한 반일적 논설과 기사는 자연히 일제 당국의 경계와 탄압의 대상이었고 그 과정에서 양기탁은 제1의 표적이 되었다.

일제의 베델 추방과 양기탁 제거 음모

일제는 조선침략에 방해되는 『대한매일신보』를 없애고자 하였다. 그 방안의 하나로 통감부 이완용내각에게 1907년 7월 신문지법을 발표하게 하였다. 신문지법은 발행정지를 비롯한 벌금형·체형·기계몰수 등을 규정한 것으로 언론을 탄압할 수 있는 근거를 마련한 것이었다. 하지만 역으로 민중들이 『대한매일신보』에 거는 기대는 더욱 커져갔다. 그리하여 무기명 기부가 늘어나게 되었고 『대한매일신보』는 대한제국 구국언론의 총본산이 되었다. 이러한 업적이 이 신문의 총무였던 양기탁의 노력에 의한 것임은 두말할 나위가 없다.

이와 같은 『대한매일신보』의 항일적 필봉에 대해 일제는 영국인 베델의 치외법권이 문제라고 생각하여 베델 추방과 양기탁 제거의 음모를 꾸몄다. 통감부는 치안 방해를 이유로 1907년 10월 12일 베델에게 주한영국영사관 재판을 받게 하였다. 이 영사 재판으로 베델에게 벌금 300파운드와 6개월의 근신형이 내려졌다. 그러나 이후에도 『대한매일신보』의 항일논조는 변하지 않았다. 오히려 신문을 통해 재판의 경과를 자세히 보도하여 국민들의 항일정신을 북돋웠다. 또 일제의 앞잡이가 된 일진회를 공격하고 항일 의병의 대일전쟁을 크게 보도하였다.

이에 일제는 『대한매일신보』의 1908년 4월 17일자 기사 「수지분須知分 포살상보砲殺詳報」와 1908년 4월 29일자의 「백매특날白梅特捏이 부족이압이태리不足以壓伊太利라」, 1908년 5월 16일자 「학계의 꽃」 등의 논설이 항일의식을 고취하여 한일 간을 이간시키고 영일의 외교까지 분열시킨

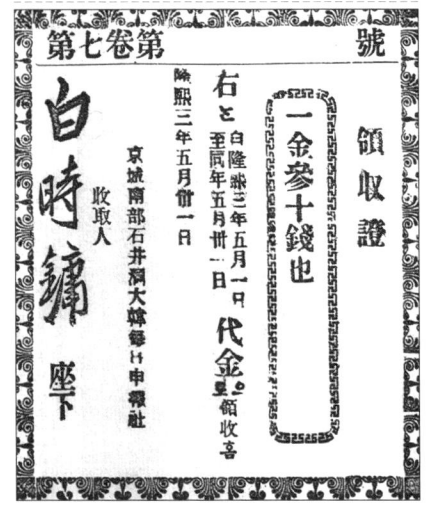

『대한매일신보』 구독자 영수증

다는 이유로 또다시 베델을 재판에 회부하였다. 재판 결과 이 논설들은 양기탁의 글로 판명되었다. 당시 재판장으로 상해주재 뽀온 판사가 내한하였고 변호사는 일본에서 온 윌킨슨이었다. 1908년 6월 15일 서울 정동 영국영사관 내에서 재판이 열려, 베델은 3주간의 감금형과 6개월의 근신형에 처해졌으며, 그달 20일에 상하이로 이감되었다. 베델은 감금형이 끝나고 7월 17일 서울에 돌아온 후 과음이 원인이 되어 1909년 5월 1일 병상에서 38세를 일기로 세상을 떠났다. 그는 죽으면서도 양기탁의 손을 잡고 "나는 죽을지라도 신보는 영생케 하여 한국 동포를 구제하라"는 유언을 남겼다고 하며, 양화진 외국인묘지에 안장되었다.

베델의 사후에도 『대한매일신보』의 항일논조에는 변함이 없었다. 양기탁이 총무로서 계속하여 신보를 운영하고 있었기 때문이었다. 그리하여 일제는 『대한매일신보』의 총무 양기탁 제거를 위한 음모를 꾸미기 시작했다.

국채보상운동에 참여하여 옥고를 치르다

양기탁은 1908년 7월 12일 '국채보상의연금 횡령'이라는 죄명으로 일제 경찰당국에 처음 구속되었다.

한말 일제의 경제침략은 한국에 막대한 차관을 제공하여 한국 경제를 예속화하는데 중점을 두고 진행되었다. 이렇게 들여온 자금은 일제의 한국 식민지화를 위한 화폐정리나 행정기구 개편, 일본자본 확대 등에 사용되었다. 즉 차관의 명목으로 한국 침략에 필요한 경비를 조달하였던 것이다. 1907년 2월까지 대한제국이 일본에서 얻은 차관이 모두 천삼백만 원에 달했는데, 이는 대한제국의 1년 예산에 해당하는 금액이었다. 대한제국의 빈약한 국고로는 거액의 국채를 갚기 어려우므로 애국지사들은 국채를 갚지 못해 우리 강토가 결국 일본의 소유가 되는 것이 아닌가 하는 위기의식을 느꼈다. 그리하여 구국계몽 인사들의 주도 하에 국민의 힘으로 국채를 갚고 일본에의 경제적 예속화를 탈피하기 위한 국채보상운동이 일어난 것이다.

1907년 1월 31일 대구의 광문사廣文社 사장 김광제와 부사장 서상돈 등 10여 명이 공동명의로 「국채일천삼백만원보상취지서國債一千三百萬圓報償趣旨書」란 격문을 전국에 발송하면서 국채보상운동이 시작되었다. 2천만 동포가 3개월 동안 담배를 끊고 그 대금으로 천삼백만 원의 국채를 갚아 국가의 위기를 구하자는 단연에 의한 모금 방법을 제시한 것이다. 양기탁은 이 취지서를 2월 21일자 『대한매일신보』에 게재하여 전국적으로 확산시키는데 결정적인 역할을 하였다. 취지서가 신보에 게재

「대한매일신보」에 게재된 국채보상기성회 취지서

된 다음날 이에 호응하여 서울에서 국채보상기성회가 조직되었다. 국채보상운동에 대해 고종황제도 단연의 뜻을 밝혔고, 이에 따라 고관들도 모금운동에 참여하였다. 국채보상운동에는 고관이나 양반 등 부유층뿐만 아니라 노동자·농민·부녀자에서 상인·군인·학생·기생·백정·승려·죄수 등에 이르기까지 참여하지 않은 계층이 없었다. 여성들의 참여도 활발하여 반찬값을 절약하거나 비녀와 가락지 등을 의연품으로 내놓기도 하였다. 일본 유학생과 미주, 노령의 동포들도 의연금을 보내왔고, 일부 외국인들도 참여하였다. 국채보상운동은 전국적으로 모든 계층이 참여한 거족적인 구국운동이었다.

의연금이 방방곡곡에서 모여지고는 있었으나 중심기구가 없어 실제로 효과를 얻기가 어려웠다. 또 일제의 계략으로 의연금을 빼앗길 염려가 있었으므로 양기탁은 『대한매일신보』가 대표기관으로 활동할 것을 제의하였다. 그리하여 1907년 4월 8일 국채보상지원금총합소를 만들고 대한매일신보사 내에 사무소를 설치한 후 양기탁이 검사원에 선임되어 국채보상운동을 주관하게 되었다. 양기탁이 이끄는 대한매일신보사 사원 전원은 단연을 결의하고 국채보상운동에 적극 참여하였다. 국채보상의연금을 신문사가 직접 모금하고 모금란을 늘리면서까지 의연자의 성명과 액수를 신문지면에 게재하였다. 이를 통해 양기탁은 경제적 항일운동을 범국민적 애국운동으로 확대해 나갔다. 1908년 4월까지 대한매일신보사와 국채보상지원금총합소에서 모은 의연금은 15만 원에 달했다. 일제 통감부는 국채보상운동을 배일운동으로 간주하여 온갖 방해공작을 벌였다. 특히 국채보상지원금총합소의 회계로 이 운동을 진두지

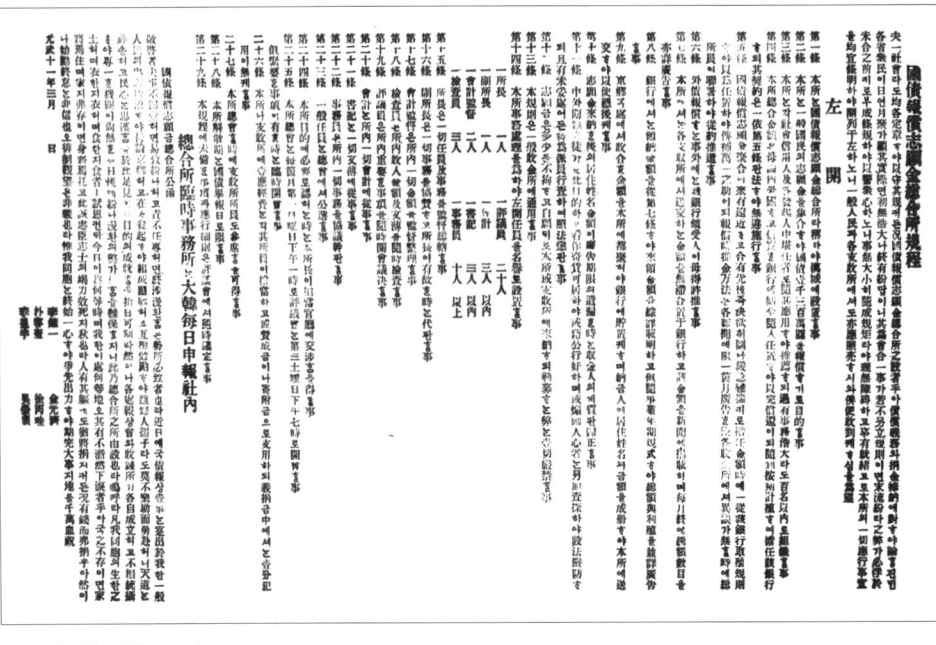

국채보상지원금총합소 규정

휘하던 양기탁은 눈엣가시 같은 존재였다.

결국 일제 통감부는 베델이 3주간의 감금형을 받고 상하이로 이감되어 국내에 없는 시기를 골라 1908년 7월 12일 '국채보상의연금 횡령'이라는 혐의를 조작하여 양기탁을 구속하였다. 재판은 8월 말부터 1개월 동안 다섯 번이나 열렸는데, 양기탁의 진술과 베델 등의 증언으로 공소 사실이 근거 없음이 밝혀져, 결국 양기탁은 무죄판결을 받아 구금된지 64일 만인 1908년 9월 25일 석방되었다.

영국 정부는 양기탁의 구속에 대해 비상한 관심을 보였다. 일본이 영국인 베델을 제거한 지 얼마 안 되어 그를 변론해 주던 양기탁마저 구속하였기 때문이었다. 그리하여 양기탁 구속은 영일간의 외교문제로 확대되었다. 주한 영국 총영사 헨리 콕번은 양기탁 구속에 대해 통감부에 항의하였는데 그것은 첫째 양기탁이 병약자이며, 둘째 그가 구속되던 때 영국인 건물에서 업무에 종사하고 있었으며, 셋째 그가 베델의 재판 때 증인으로 출두하여 베델에게 유리한 증언을 한 보복일 수도 있다는 것이었다.

국채보상의연금 영수증

양기탁이 구금된 동안, 국채보상운동의 열기도 약해지고 친일배의 농간으로 의연금 일부도 빼앗기고 말았다. 이때는 1908년경이어서 망국사태가 확실하던 때였다.

04 계몽운동 단체에 참여하다

계몽운동 단체와 양기탁

양기탁은 이렇듯 『대한매일신보』를 운영하며 언론보도를 통해 항일의식을 고취하는 한편 많은 계몽운동 단체에도 관여하였다. 그는 대한자강회·광무사·국문연구소·서우학회 등의 계몽운동 단체에 참여하고, 순 한글 여성잡지인 『가뎡잡지』와 『대한학회월보』·『서우』·『서북학회월보』·『공업계』 등 계몽지에 글을 발표하여 부녀자와 아동, 청소년을 상대로 계몽운동을 펼쳤다.

1906년 4월 4일 장지연·심의성·임진수·김상범 등이 동지 20여 명과 함께 대한자강회大韓自强會를 조직하였다. 대한자강회는 1905년 이준·양한묵 등이 조직한 헌정연구회를 확대·개편한 단체였다. 설립 목적은 국민교육을 고양하고 식산殖産을 증진해 부국강병을 이루어 국권회복의 기틀을 마련하는 것이었다. 대한자강회는 전국에 25개소의 지회를 설립하고 본부에 교육부와 식산부를 두어 이를 추진하였다. 구체적으로는 매월 1회씩 열리는 통상회에 회원이 아닌 일반 대중이 참석할 수 있는 연설회를 개최하여 민중의 의식을 계몽하였다. 또 이러한 활동을 일반에 알리기 위해 기관지로 『대한자강회월보』를 발간하였다. 교육활동으로 학부 교과서 편집문제, 의무교육 실시, 사범학교 설립 등을 정부에 건의하였다. 식산분야에서는 식산흥업의 필요성과 그 방법, 식산 결여의 원인, 토지개량의 필요성, 종자개량 등 다양한 방면의 연구를 거친 후 그 결과를 『대한자강회월보』를 통해 일반에 널리 알렸다.

양기탁은 대한자강회의 회원이 되어 회의 활동을 적극 지원하였다. 또한 『대한매일신보』에 대한자강회와 논쟁을 벌이던 일진회를 통박하는 글을 싣기도 하였다. 대한자강회는 양기탁이 주도적으로 활동한 국채보상운동에 참여하면서 점차 초기의 온건한 태도를 버리고 배일운동에 앞장서다가 1907년 8월 25일 강제 해산되었다.

양기탁은 대한자강회가 주동이 되어 광범한 대중운동으로 발전시켰던 광무사光武社에도 관계하여 적극 활동하였다. 광무사는 1907년 2월 배일사상의 거두였던 면암 최익현의 기일을 맞아 양기탁·이갑·이상재 등 70여 명이 일본 경찰의 눈을 피해 구석진 탑골 승방에서 가진 추도식 자리에서 조직되었다. 광무사는 그 첫 사업으로 일본인이 공사를 진행시키고 있는 철도권을 회수하기로 하였다. 광무사의 철도상환계획과 목적은 취지서에 잘 나타나 있는데 그 성격으로 보면 국채보상운동과 유사한 것이었다고 할 수 있다. 광무사는 임시사무소를 제국신문사 내에 두고 목적 달성을 위해 노력하였으나 1910년 8월 경술국치로 인해 그 뜻이 좌절되고 말았다.

광무사가 조직되던 1907년 2월 양기탁은 국문연구회國文研究會에 참여하여 주시경과 함께 연구원으로 활동하였다. 국문연구회의 임원은 회장 윤효정, 총무 지석영이었고, 연구원은 양기탁을 비롯하여 주시경·박은식·이능화·유일선·이종일·전용규·정운복·심의성·유병필 등이었다. 양기탁은 그해 5월 『대한매일신보』도 국한문판 외에 순 한글판 신문을 발간하고 일반 독자층을 넓혀 국어 사용이 애국의 길임을 계몽하기도 하였다. 그해 7월 주시경이 정부에 건의하여 국문연구소를 설치하게 되자 국문연구회는 해체되었다.

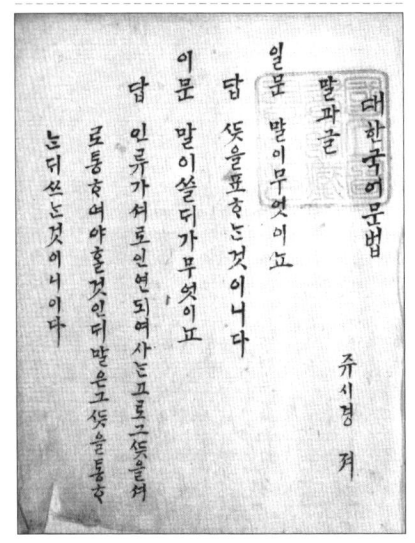

주시경이 지은 「대한국어문법」

가정교육의 중요성을 역설하다

양기탁은 여성교육에도 관심이 많았다. 기울어가는 나라를 다시 일으켜 세울 인재를 키우는 것은 가정교육에서 출발하며 그 근본은 어머니의 훈육에 있다고 보았기 때문이다. 그는 1906년에 발간되기 시작한 최초의 순 한글판 여성잡지인 『가뎡잡지』에 찬성원贊成員으로 참여하여 여성계몽운동에 나섰다. 가뎡잡지사 사원들은 『서우』와 신민회 등에서 함께 활동한 동지들이었다. 그는 1906년 8월 『가뎡잡지』에 「가정교육론」이란 글을 기고 하였는데 내용은 다음과 같다.

「가뎡잡지」

지금의 사람마다 말하되 교육시대라 하여 혹 학업을 숭상한다, 혹 학교를 설립한다, 혹 교과서를 출간한다, 혹 외국에 유학한다 하되 여자교육과 여자학교는 몇 개 되지 못하여 희망이 전혀 없고 부족지탄이 없지 못한지라. 아무쪼록 분발하는 마음과 바라는 마음과 연구하는 힘과 참고 견디는 힘으로 각기 가정에서도 교육에 힘쓸지어다. 힘쓰고 힘쓸지어다.

대저 교육이란 것은 나누어 말할진대 네 가지가 있으니 일은 생육이니 생산하여 기름이요, 이는 체육이니 체질을 기름이요. 삼은 덕육이니 덕행을 기름이요, 사는 지육이니 지혜를 기름이라. 그 근본을 궁구하면 이 네 가지가 다 교육상 사업이요, 가정교육에 한 큰 열쇠라. 가정에 현숙한 부인이 있어 그 자녀들을 양육하며 교육하지 않으면 그 배우는 자가 일후에 큰 그릇이 되기를 기필치 못할지라. 그러므로 가정 학문에는 부인이 으뜸됨을 가히 알지니 …….

그는 이 글에서 여성교육을 위한 여자학교가 부족한 현실을 한탄하면서, 여성들이 가정에서 자녀를 훌륭히 교육해 나라를 이끌어갈 동량으로 양성할 것을 당부하였다. 또 어린 시절부터 강철같은 애국심을 가지도록 「아해들 노래」라는 순한글 동요를 짓기도 하였는데 장기적인 안목에서 애국자를 양성하려는 의도였다.

국가가 원하는 영웅이 되어달라

계몽운동기에는 수많은 학회가 조직되어 국권회복을 위해 학술·문화·교육활동을 전개하였다. 학회활동 중 가장 먼저 조직되어 학회 발전에 모범이 된 단체는 서우학회西友學會였다. 서우학회는 평안도와 황해도의 개화파 인사들이 1906년 박은식을 대표로 하여 대동단결과 국권회복을 목적으로 설립하였다. 서우학회가 경술국치로 강제 해산될 때까지 전국의 민중에게 계몽운동 단체로서 끼친 영향은 지대한 것이었다. 서우학회의 기관지인 『서우』 창간호에 실린 취지문에는 교육을 통해 인재를 양성해야 한다고 절규하고 있다. 『서우』는 1906년 12월부터 1908년 1월까지 14호를 발행하였다. 양기탁은 비록 발기인이 되어 앞장서지는 않았으나 『서우』가 존재했던 전 기간에 걸쳐 회비와 기부금을 내면서 회원으로 도왔다. 양기탁은 『서우』에 투고한 글들을 통해 국가의 멸망이 눈앞에 있음을 직감하고 국권회복을 위해 애국심을 최대로 발휘해야 함을 지적하였다. 특히 국가의 장래는 젊은이들의 실력배양에 좌우된다고 전제한 후 국가가 원하는 영웅이 되어달라고 호소하였다. 그 방법으로 젊은이들에게 외국의 선진문명을 배우되 우리 문화의 기반에서 우리

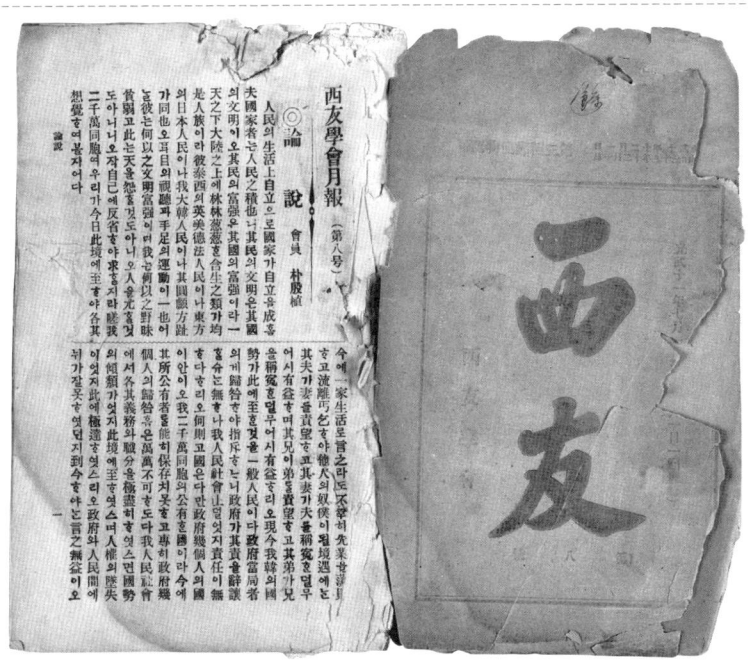

『서우』 제8호

사회의 사정을 연구할 것을 권면하고 있다.

이러한 양기탁의 사상은 그가 1920년 『서울』지에 기고한 다음과 같은 글에서도 확인된다.

우리 사람들이 신교육을 받아 점점 외국의 학술을 수입하는 동시에 또 외국숭배주의가 유행한다. 가령 어떤 청년들의 숭배하는 인물을 보건대 죄다 서양의 영웅, 철인들이다. …… 지금 우리 청년들이 알렉산더 대왕은 알지만 광개토왕은 잘 모르며, 나폴레옹은 잘 알지만 연개소문은 잘 모르며, 아리스토텔레스나 칸트는 잘 알지만 설원랑이나 원효는 잘 모르나니 이것이 어찌 변사變事가 아니뇨. …… 이에 우리들은 청년들이 조선의 역사를 잘 연구하여 조선의 영웅, 철인을 숭배하기를 바란다. 또 신진 인사가 조선사정에 대한 연구가 부족함이다. 동경이나 서양에 유학하여 신지식을 많이 가져왔지만, 조선사정을 연구하는 바가 매우 불충분한 것 같다. 그러므로 그네들의 이상과 사실이 흔히 부합하지 않게 되기 쉽다. …… 무릇 어느 사회를 개조하고자 하는 자는 반드시 그 사회의 사정을 잘 알아야 할지니 조선의 사업을 경영하는 자가 조선의 사정을 모르고 어찌 가可 하리오. …… 아무쪼록 조선의 사정을 잘 아는 청년들이 많이 생겨 먼저 조선이라는 사상으로 기초를 세우고 그 위에 여러 외국문물을 식飾할지어다.

신민회를 주도하여 05
독립운동기지 개척에 앞장서다

안창호와 신민회를 조직하다

1905년 을사늑약으로 외교권이 상실되어 일제의 한국 지배가 세계적으로 인정되는 가운데 구국의 방법이 종래의 계몽주의적 온건한 방법으로는 이룩될 수 없다고 생각한 지식층의 인사들이 새로운 방략을 모색하면서 비밀결사로 조직한 것이 신민회였다. 신민회는 1907년 4월 20일 경 비밀리에 결성되었다. 미국에서 귀국한 도산 안창호가 양기탁과 더불어 신민회 결성을 추진한 것이다. 안창호는 1907년 2월 20일 미국에서 귀국한 이틀 뒤 대한매일신보사를 방문하여 양기탁을 만나 미주공립협회의 이름으로 국채보상금 35원을 전달하면서 신민회의 조직문제를 은밀히 의논하였다.

안창호가 귀국 즉시 양기탁을 찾은 것은 대한매일신보사가 국채보상금의 수령기관이기도 했지만, 양기탁이 당시 국내에서 가장 영향력 있는 인사 중의 한 사람이기 때문이었다. 양기탁은 대한매일신보사 총무

이승훈

로서 언론활동을 주도하였고, 국내의 애국 인사들과 긴밀한 유대관계를 갖고 있었을 뿐만 아니라 민중들로부터도 큰 존경을 받고 있었다. 반면에 안창호는 개인적인 역량을 갖추고 있었으나 국내의 지사들 사이에 자신의 기반을 가지고 있지 못하였다. 따라서 안창호는 만민공동회 당시 함께 활동하던 양기탁을 중심으로 신민회 조직을 추진한 것이다.

양기탁은 안창호와 함께 신민회 규칙시안을 검토하였으며, 신민회 창건 원칙에 합의하였다. 그리하여 4월 20일경 양기탁의 주재 아래 발기인 모임을 가졌다. 참석자는 양기탁과 안창호를 비롯하여 이동휘·전덕기·이동녕·이갑·유동열 등 7명이었다. 조직체 구성에 들어간 결과 총감독에 양기탁, 총서기에 이동녕, 재무에 전덕기, 그리고 신입회원의 자격심사를 담당할 집행원에 안창호가 선임되었다. 신민회는 결성 이후 창립회원들의 노력으로 비약적으로 발전하여 1910년에는 회원이 800명에 달했던 것으로 추정된다.

신민회의 창립과 활동을 주도한 중심인물은 당시 사회 각계각층의 구국계몽운동 세력을 망라한 것이었다. 첫째 양기탁·신채호·박은식·장지연·임치정·옥관빈·장도빈 등 대한매일신보사와 황성신문사 등에 종사하던 언론계 인사들, 둘째 윤치호·전덕기·이상재·이동녕·이준 등 기독교청년회·상동교회와 상동청년학원 등에 관계했던 기독교계 인사들, 셋째 안창호·김구·최광옥 등 학교 설립자와 교육계 인사들, 넷째 이승훈·안태국·이종호 등 서북지방의 상공업에 종사하던 실업계

좌로부터 김구 · 안창호 · 이탁

인사들, 다섯째로 이동휘·이갑·유동열·노백린·조성환·김희선 등 무관 출신자들이 중심을 이루었다.

신민회의 궁극적인 목적은 국권을 회복하여 자유국가·자유독립국을 세우고 그 정치체제는 공화정체共和政體로 하는 것이었다. 신민회가 자유독립국의 정체를 전제군주제의 입헌군주제로의 개혁으로 하지 않고 아예 군주제를 폐지하여 공화국을 세울 것을 목표로 한 것은 획기적인 것이었다. 이는 미국의 교포들이 대표로 파견한 안창호의 의견이 반영된 것으로 보인다.

실력을 양성하여 백성을 새롭게 하다

신민회는 이 목적을 달성하기 위해 무엇보다도 국권을 회복할 수 있는 실력을 양성해야 한다고 보았다. 신민회의 독립운동론은 기회론이었다. 기회의 포착도 실력이 양성되어야 가능하고 실력을 양성하기 위해서는 백성을 새롭게 만들어야 한다는 입장이었다. 실력이 배양되면 신민회가 앞장서고 국민이 통일연합하여 비폭력 또는 무력의 각종 방법으로 일제히 봉기하여 국권을 회복하고 자유 문명국을 수립하려고 하였다. 이를 위해 국외에 무관학교를 설립하여 독립운동기지를 만들고 청년들을 훈련하였다가 일본이 러시아·미국·중국 등과 전쟁에 들어가는 때를 기회로 포착하여 독립전쟁을 일으켜 국내로 진공해 들어오고, 국내에서도 이에 호응하여 실력으로 일제를 몰아내고 국권을 회복할 것을 목적으로 하였다.

양기탁은 이러한 신민회의 총감독으로 회의 활동을 이끌었다.『대한매일신보』는 신민회의 기관지 역할을 하였고 신민회 총본부였다. 대한매일신보사의 사무원이던 임치정·옥관빈·장도빈 등도 신민회 회원이었다. 신민회가 비밀히 회합을 가질 때 양기탁의 명의로 양기탁의 자택에서 소집되었던 점을 보면 그가 신민회의 중심축이었음을 알 수 있다. 양기탁은 신민회의 총감독으로서 독립협회와 개혁당에서의 경험과 조직력을 바탕으로 한국민을 '신민新民'하고자 하였다. 신민회가 조직되던 당시에는 이미 일제의 감시와 탄압이 심했던 때였으므로 표면운동은 그 방계조직의 교육기관·문화단체·산업단체 등이 담당하였다.

신민회는 결성 이후 1911년 조직이 와해되기까지 다양한 활동을 전개하였다. 신민회가 국권회복의 방법으로 가장 주력한 것은 신교육구국운동이었다. 한국민을 '신민'하기 위해서는 교육이 무엇보다 중요하였기 때문이다. 신민회가 중점을 두고 설립한 교육기관은 중학교였다. 중학교 내에 사범교육과정을 두어 교사를 양성하기 위함이었다. 신민회가 설립한 중학교에서 사범교육을 받은 청년들이 전국 각지에 흩어져 학교를 세우고 청소년들에게 국권회복에 적합한 신교육을 실시하여, 교육구국운동이 전국적으로 파급되도록 한 것이다. 이러한 목적으로 정주의 오산학교, 신안학교, 평양의 대성학교, 강화의 보창학교, 선천의 신흥학교, 안악의 양산학교, 서울의 협성학교 등 많은 학교를 설립하였다. 특히 보창학교는 강화에 중학교 본부를 두고, 강화군 내에 50여 지교支校를 두었다. 이밖에도 개성·금천·장단·안악·충주·함흥 등지에도 보창학교를 설립하였다. 이 시기에 이동휘 한 사람이 세운 학교만도 100여 개나 되었다. 신민회의 학교 설립과 교육사업은 당시의 신교육구국운동에 크게 이바지하였다.

신민회는 또한 계몽강연과 학회 활동을 활발히 전개하였다. 신민회 회원들은 안악군면학회·해서교육총회·평양청년권장회·서북학회 등 각종 학회의 강연회·토론회 등에 적극 참여하였다. 이들은 계몽 강연을 통해 민중들에게 애국주의·국권회복·민권사상 등을 고취하였다.

그러나 이러한 노력에도 불구하고 통감부에 의해 주도되는 정국은 암울하기만 하였다. 일제에 의한 망국은 시간문제였다. 일제의 강력한 무력에 의해 국내에서의 국권회복운동은 더욱 어려워만 갔다. 이를 타개하기 위해 1909년 봄 양기탁은 자신의 집에서 신민회 간부들을 소집하여 전국 간부회의를 열었다. 주요 의제는 국외에 적당한 후보지를 골라 독립군기지를 만들어 무관학교를 설립하고 독립군 장교를 양성하자는 것이었다. 국내에서의 활동이 여의치 않았으므로 국외에서 독립군을 양성하여 독립전쟁을 수행하려는 계획이었다. 그런데 이 사업이 실천에 들어가기 전인 1909년 10월 26일 안중근의 이토 히로부미 처단의거가 일어났다. 이때 안창호를 비롯한 다수의 신민회 간부들이 일제 헌병대에 구금되었다가 이듬해 2월에야 석방되었다. 본래 계획은 이러한 상황에 맞물려 수정되지 않을 수 없었다.

해외 독립운동기지 개척을 주도하다

양기탁은 1910년 3월 다시 긴급 간부회의를 열었다. 여기에서 논의 끝에 결정된 사항은 다음과 같았다. 첫째 독립전쟁론을 최고의 전략으로 채택하고, 둘째 국외에 독립운동기지 건설과 무관학교 설립을 결정하였으며, 셋째 일제 헌병대에 구속되었던 간부들은 국외에 망명하여 이 사업을 담당하며, 넷째 국내에 남는 간부들과 회원들은 이 사업을 지원한다는 것 등이었다.

한편 종래의 구국계몽운동도 계속함으로써 국내외 독립운동 세력의 결집을 도모하였다. 이러한 취지에 따라 우선 국외로 망명할 인사로 안창호·이갑·이동녕·이동휘·이회영·이종호·신채호·조성환·최석하 등을 선정하였다. 국외 독립운동기지를 더욱 확대하기 위한 목적으로 각 지역도 분담하였다. 안창호와 이갑은 구미지역, 이동녕은 노령 연해주지역, 이동휘는 북간도, 이회영과 최석하는 서간도, 조성환은 북경지역을 맡았다.

양기탁은 신민회 인사들 뿐 아니라 의병계열의 인사들과도 독립군 기지개척문제를 협의하였다. 유인석을 중심으로 한 유림계열의 의병들도 해외에 독립운동의 기지건설을 추진하고 있었다. 국내에서의 의병활동이 일제의 탄압으로 한계에 봉착했기 때문이었다. 그리하여 유인석의진에서 활동하던 이정규를 매개로 양기탁과 유림계열 인사들이 만주에 독립군기지개척을 논의하였다. 이정규의 기록에 의하면 양기탁과 자신이 이 계획을 추진하였으나 경술국치로 뜻을 이루지 못했다고 한다.

이회영

해외에 독립운동기지를 창건하기로 결정한 신민회 간부들 가운데 우선 안창호를 비롯하여 이갑·유동열·신채호·김희선·이종호·김지간·정영도 등이 1910년 4월 북경 등지로 망명하였다. 망명 간부들은 중국 청도에 모여 청도회의를 열고 만주 또는 노령지역에 신한민촌과 무관학교를 설립하는 안을 채택하였다. 이들의 목표는 실력양성론으로, 민족의 역량이 충족될 때까지 힘을 키워 일제에 대항한다는 것이었다. 그런 만큼 주된 실천사업은 학교 설립과 한인사회의 기반 조성이었다. 그러나 1910년 9월 노령 블라디보스토크에 도착한 후 얼마 되지 않아 일제가 한국을 병탄하여 조국이 완전히 일제의 식민지가 되었다는 소식을 들었다. 그들은 큰 충격과 아울러 독립운동의 새로운 방략을 모색하게 되었다. 그 가운데 유동열·김희선 등 급진적 인사들은 '일제의 식민지

이동녕

가 된 마당에 장기적 사업인 독립운동기지 건설이나 무관학교 건립을 기다릴 것 없으니, 우선 간도와 노령의 교포들로 당장 독립군을 조직하여 국내에 진입할 것'을 주장하기도 하였다. 그러나 이들이 중국에서 일제에게 체포되는 바람에 급진적인 독립군 조직 주장은 자연히 소멸하고 말았다.

처음의 계획은 망명 간부들이 국외의 독립운동기지 건설사업을 담당하고 국내의 간부와 회원들은 이들을 지원하면서 국내 사업을 계속하기로 했다. 그런데 신민회의 기관지 역할을 하던 『대한매일신보』가 일제 측에 넘어가고, 신민회 인사들의 운신이 어렵게 되자 나머지 간부들도 집단으로 만주 서간도로 망명하여 독립운동기지 건설사업을 수행하기로 하였다.

먼저 1910년 9월 초 이동녕·이회영·장유순·이관직 등이 백지장수로 위장하고 남만주 일대에 독립운동기지 후보지를 물색하기 위해 서울을 출발하였다. 11월 이동녕이 서간도에서 독립운동기지 선정을 끝내고 돌아온 후 집단망명 계획은 급진전되었다. 12월 중순 양기탁은 자신의 집에서 제3차 신민회 간부회의를 개최하였다. 이 자리에는 양기탁을 비롯하여 안태국·주진수·이승훈·김구·이동녕·김도희 등이 참석하여 다음과 같은 사항을 결정하였다.

1. 일제가 서울에 총독부라는 것을 설치하고 전국을 통치하니, 신민회에서도 서울에 비밀리에 도독부를 설치하여 전국을 다스릴 것

2. 만주에 집단이주를 실시하되 이주자는 각각 1백 원 이상의 자금을 휴대하여 만주에 무관학교를 설립하고 장교를 양성하여 독립전쟁을 일으킬 것
3. 이를 준비하기 위해 이동녕을 먼저 만주에 파송하여 토지 매수, 가옥 건축과 기타 일반을 위임할 것
4. 신민회 각도 대표를 선정하여 15일 이내에 황해도에서 김구가 15만 원, 평남의 안태국이 15만 원, 평북 이승훈이 15만 원, 강원의 주진수가 10만 원, 서울의 양기탁이 20만 원을 모금하며 책임 지역에서 이주자를 모집한 후 만주 이동녕의 집으로 파송할 것

체포와 옥고

그런데 이러한 신민회의 망명계획에 뜻하지 않은 차질이 생겼다. 안중근의 사촌 동생인 안명근이 1911년 1월 황해도 안악 지방에서 무관학교의 설립자금을 모집하다가 관련인사 160여 명과 함께 일제에 검거되었다. 이를 '안악사건' 또는 '안명근사건'이라고 한다. 이로 인해 신민회의 존재가 일제에 노출되었고 국내에서 양기탁 등이 독립운동기지 개척을 추진하고 있던 상황도 알려지게 되었다. 결국 양기탁을 비롯하여 임치정·김도희·주진수·안태국 등 망명계획을 추진한 인사들은 일제에 체포되고 말았다. 일제는 이와 관계된 인사들에게 6개월에서 2년의 징역형을 선고하였는데 주도자인 양기탁은 2년형을 받았다.

일제의 판결문에서 확인되는 양기탁의 활동은 이러했다. 양기탁은

베델의 후임으로 대한매일신보의 사장이 된 맨험이 1910년 5월 신보를 일제에 매각하고 같은해 8월 경술국치를 당하자 새로운 신문의 발행을 추진하였다. 프랑스인 레오와 함께 신문 발행을 계획하였으나 일제가 허가하지 않을 것을 알고 중지하였다. 또한 만주 독립군 기지 개척에 대해 판결문에는 다음과 같이 기록되어 있다.

> 서간도에 단체적 이주를 기도하여 조선본토에서 상당히 재산이 있는 다수의 인민을 서간도에 이주시켜 토지를 구입하여 부락을 이루어 새로운 영토를 삼고 다시 다수의 교육받은 청년을 모집하여 그곳에 보내 민단(民團)을 만들어 학교와 교회를 세우고 나아가 무관학교를 설립하여 문무의 교육을 실시하여 기회를 보아 독립전쟁을 일으킴으로써 구한국의 국권을 회복하려고 ……

양기탁은 이를 위해 대한매일신보사의 회계였던 임치정과 긴밀히 협의하였으며 임치정은 양기탁의 뜻을 받들어 경신학교 교사인 김도희를 계획에 합류시키고, 김도희는 다시 황해도에서 김구, 김홍량 등을 합류시키는 등 이주계획을 추진하였다는 것이다. 다행히 관련 인사들이 고문을 이겨내며 함구하여 독립군기지개척 계획의 전모가 드러나지 않아 모든 관련자들이 옥고를 치르지는 않았다.

안명근이나 양기탁 등 일부 인사들의 검거만으로는 거대한 신민회를 해체시킬 수 없다고 판단한 일제는 또다시 '105인사건'을 조작하였다. '105인사건'은 일제가 의도적으로 날조한 사건으로서 조선총독 데라우

법정으로 끌려가는 신민회원

'105인사건' 판결문

형무소에 수감 당시의 양기탁

치 마사타케寺內正毅가 1910년 12월 27일 압록강 철교 개통식에 참석하고 서북지방을 순시하는 기회에 신민회 회원들이 그를 암살하려 기도하였다는 것이다. 이를 빌미로 서북지방의 주요 인사 600여 명을 검거하고 그중 122명을 기소하였다. 일제는 검거된 신민회 회원에 대해 가혹한 고문을 가해 일제가 꾸민 음모사실을 시인하도록 했다. 일제의 고문으로 김근형 등 2명이 옥사하고 많은 이들이 불구가 되었다.

신민회 인사들은 적극적으로 항거하였고 특히 안태국은 물증까지 제시하며 날조된 경위를 일목요연하게 정리하여 폭로하였다. 신민회 회원 중에는 기독교 신자가 많아서 각국의 기독교 단체 대표들이 이 재판을 주시하여 일제의 입장은 더욱 난처하였음에도 불구하고 억지로 105명에 대해 각각 징역 10년, 7년, 6년, 5년을 선고하였다. 관계인사들은 이에 불복하여 105명 전원이 고등법원에 항소하였다. 결국 고등법원은 1913년 7월 양기탁을 비롯하여 윤치호·임치정·이승훈·안태국·옥관빈 6인에게만 징역 6년을 선고하고 그 외 사람들에게는 무죄를 선고하였다. 양기탁은 신민회와 관련하여 독립운동기지 개척 활동으로 징역 2년을 받아 옥고를 치르고 있었으나 다시 '105인사건'으로 징역 6년을 선고받았던 것이다.

이렇듯 신민회의 주요 인사들이 검거되어 옥고를 치름으로써 만주 집단 망명 계획은 더 이상 추진되지 못하고 말았다.

만주의 독립운동 단체를 지도하다 06

만주로 망명하다

양기탁은 일본 왕태후의 대상大祥으로 감형되어 1915년 2월 출옥하였다. 4년간의 긴 옥살이로 심신이 몹시 지친 상태였으나 몸만 추스르고 있을 양기탁이 아니었다. 양기탁은 출옥하자마자 국내에서 모종의 민족운동을 추진하였다. 그러나 뜻대로 되지 못하고 일제에 발각되어 신변이 위험하게 되었다.

새로운 변화가 필요한 시기였다. 신민회 당시 같이 활동했던 동지들은 이미 국내를 떠나 만주, 노령, 미주 등지에서 각기 새로운 활동을 모색하고 있었다. 국내에는 일제의 무단통치로 독립운동의 여지가 많지 않았다. 한말에는 그나마 공개적인 운동이 가능했으나, 경술국치 이후 일제는 식민통치의 기반을 마련하기 위해 무력적인 탄압을 강화하여 운동은 비밀결사의 형태로 유지될 수밖에 없었다. 더욱이 양기탁은 한말의 핵심적인 활동가로 익히 알려져 일제의 감시도 그만큼 심했다. 독립운동을 위해서는 해외로 망명하여야 했다. 운동의 여건도 많이 변화되었다. 뜻을 함께 하던 동지들도 각지로 뿔뿔이 흩어져서 소식을 알 길이 없었다.

양기탁은 해외로 망명하여 민족운동을 계속할 것을 결심하였다. 일제의 눈을 피해 변장하고 압록강을 건넜다. 1915년 11월경에는 중국 북경에 도착하여 신민회 당시의 동지인 조성환과 함께 임시 은신처에 머물렀다.

양기탁은 하루라도 빨리 민족운동의 전선에 뛰어들고 싶었다. 당시 양기탁이 안창호에게 보낸 편지에는 "황금 같은 시간을 허비함이 또 일주일이니 헛되이 날만 보냄을 탄식하지 않을 수 없소"라고 하여 민족운동에 나서기 위해 조급해하는 그의 심정을 읽을 수 있다. 또 "나는 나의 일은 물론 시세의 핍박을 받는다 해도 심지를 잃어버리거나 겁먹은 행동을 하지는 않을 것이며 핍박하면 할수록 더욱 분발하여 더욱 대항하며 천만 비관은 마음에 있어도 낙관하며 저 마음 바닥에 신념을 잊지 않고 더욱 계획하고 행동하겠다고 생각합니다"라고 자신의 각오를 피력하고 있다.

양기탁은 우선 신민회 당시의 동지들과 뜻을 모으고자 했다. 북경은 활동하기에 적당한 곳이 아니었다. 한인 사회가 제대로 형성되지 못하였을 뿐 아니라 운동의 기반도 미약하였다. 많은 한인들이 이주한 만주지역으로 가야 했다. 더욱이 만주는 신민회 당시부터 독립운동기지 개척을 위해 동지들이 망명했던 지역이었다. 양기탁은 곧바로 만주로 떠나 1915년 12월경 봉천성 유하현 고산자에 자리를 잡았다. 1916년 봄에는 어머니를 비롯한 가족들도 이곳으로 이주하여 생활의 안정을 이루었다.

島山仁兄 안녕호

分手如昨에 於焉有六年之久라 緣懷難寸이라 一筆로 盡記오 但特救語이 모上야 仍開面信之諸同己외다 還問適來네

兄體後等候도 未今二月에 始出獄호야 要謀一事라가 又被發覺호야 脫身暗行호야 今纔到燕호야 與晴裳으로 同當于一隅僻受호야 雖費黃金之光陰이 已有一週向호니 不無體肉之親耳 事業以狹量淺識으로 不能自諾호고 期欲附驥러니 天不安我호야 賜我以畿年之纏綿호니 自己之堅志與熱誠은 無人可奪이나 身體與眼睛은 旣為衰耗호야 難乎橫風沐雨之驅馳行動호니 盛不我與에 奈何오 然이나 以兄之弘諾大量으로 善思而措定之則 尙可有附尾之力矣 第吾人之事는 每以時勢之所遁으로 違如心者之며 物欲行動호고 愈迫愈奮호여 越磨越抗호야 在于萬般難關而心中에 認之以到現底信念 然後에 行且得之則 其所幾乎 只是思維호나이다 餘續完畢此不備老兄書

1915 十一月 廿六日 雲丰川二 ○○○

林居鎭, 安辰平, 姜東霞日, 玉辰, 南浦倭商庭平

신흥무관학교 분교 자리(유하현 고산자)

    양기탁은 거처를 만주로 옮기면서 민족운동의 전면에 나서기 시작하였다. 양기탁이 한말 신민회 시절부터 구상한 것은 만주에 독립운동의 기지를 건설하고 독립군을 양성하여 독립전쟁을 준비하는 것이었다. 유하현에는 1912년에 주민 자치기구로 부민단이 설립되어 동포들의 결속을 다지는 한편 독립운동의 기반을 마련해가고 있었다. 또한 군사학교인 신흥학교를 설립하여 독립군을 양성하고 있었다. 이탁과 여준이 중심이 되어 학교를 운영하였으나 재정궁핍으로 어려움이 많았다. 더욱이 1914년 제1차 세계대전의 발발 이후에는 일본 영사분관의 순사나 밀정들이 곳곳에서 설치고 다녔으므로 적극적인 활동을 펼치기 어려웠다. 이를 극복하기 위해 백두산 인근에 비밀히 백서농장을 설립하고 학생들이 둔전屯田을 경영하며 군사훈련을 실시하고 있었다. 경술국치 직후이고 국경과 접하고 있는 만큼 주민들의 항일의식도 남달랐다.

그러나 이러한 여건을 묶어내어 항일운동으로 연결하려면 명망 있는 지도자의 통솔력이 필요하였다. 한말부터 민족운동계에 명망이 높고 이미 중년에 접어든 양기탁이야말로 이같은 역할을 맡을 적임자였다. 양기탁은 이곳의 지도자들과 뜻있는 인사들의 정신적 구심점이었다. 양기탁은 안창호에게 보낸 편지에서 이를 이렇게 설명하고 있다.

> 부민단이 지난겨울에 성립하였고 목적은 자치 통일하려 하나 원수의 외세가 날로 핍박하여 진취의 길이 부족하였고, 정신단결은 내가 이곳에 온 이후 의기가 서로 투합하여 혹 20여 인, 혹 기십명 혹은 50~60명이 되는데 …… 점점 단결될 것이고 미래에 희망이 많이 보입니다.

신민회를 중심으로 독립운동 단체의 통일을 모색하다

애초 해외에 독립운동기지를 개척하여 독립전쟁을 준비하자는 방략은 1909~1910년부터 신민회에서 추진된 것이었다. 이 계획의 중심에는 양기탁이 있었다. 이에 따라 이회영의 6형제를 비롯하여 주진수·이상룡·김동삼·이동녕 등이 만주로 망명하여 독립운동기지를 개척하였다. 양기탁은 안창호와 더불어 신민회의 핵심주체로서 이러한 계획을 총괄하였으므로 신민회를 주축으로 한 독립운동기지 개척에 대한 애착도 남달랐다. 양기탁이 남만주로 이주한 1916년에는 해외 기지개척을 위해 만주로 떠났던 신민회원들이 노령과 중국 관내 등으로 흩어져 여러 단체에 소속되어 활동하고 있었다. 신민회가 일제가 조작한 105인사건 때문에 와해되었으므로 해외로 이주한 이후에는 신민회의 지도를 받을 수가 없었다. 따라서 신민회원들은 신민회라는 명칭보다 해당 지역에서 개별적인 조직을 만들어 각기 분산적으로 활동하고 있었다.

　양기탁이 만주에 망명하여 느낀 것은 독립운동 단체들이 산발적으로 활동함으로써 운동의 역량을 결집하지 못하고 있다는 아쉬움이었다. 보다 효율적인 민족운동을 위해서는 각기 분산되어 지역단위로 활동하고 있는 독립운동 단체의 통합이 무엇보다 시급하였다. 그는 신민회를 중심으로 각 독립운동 단체의 통합을 추진하여야 한다고 생각하였다. 해외 기지개척 계획을 추진했던 신민회원들은 신민회에서도 핵심적 활동가들이었고, 해외로 망명한 이후에도 각 지역에서 주도적인 인사들이었다. 각지에 흩어진 과거의 신민회원들과 연계하여 뜻을 모으면 신민회를 중심으로 독립운동 단체도 통합할 수 있다고 생각하였다. 양기탁은 안창호에게 보낸 편지에서 봉천성 유하현에 거주하기 시작한 1916년에 바로 이의 실행에 착수하여 1년간 신민회 명의로 각지에 총감부를 설치하였고 앞으로 중앙 총감부를 설치할 계획임을 밝혔다.

　1917년 음력 4월 안창호에게 보낸 편지에는 이러한 양기탁의 생각이 잘 나타나 있다.

연락을 담당할 본부가 없으면 통일주의 실제 업적을 거둘 수 없고 목적에 도달할 수 있는 기약도 없습니다. 설사 한 곳에 뜨거운 열정으로 침식을 잊어가며 일에 매진한다 한들 효과가 있겠습니까? 오늘날 인심이 모이는 곳이 오직 두 곳이라 하겠습니다. 하나는 앞서 나가는 여러 선구자들이 의기투합하여 뭉치는 것이요, 다른 하나는 신민회 본부를 한 곳에 특설하여 각 단을 연합하는 일입니다. 우리 선진자라고 하는 자들이 이를 실행하지 못할까? 그리고 우리 신민회라고 하는 기관이 발전하지 못할까? 그렇지는 않습니다. 오늘의 급선무는 상기 두 가지 일이라 하겠습니다. 오늘 이를 속히 도모하지 않으면 언제 이룰 수 있겠습니까? 흥사단 조직이 신민회의 기관이라 하나 흥사단을 중심으로 단결하여 다시 분열되는 경우에는 어찌 이를 이룰 수 있겠습니까? 엄숙하게 맹세한 우리 동지는 불과 수십 명에 지나지 않습니다. 뒤를 따라오는 청년들이 하나같이 바라보고 있는 것은 바로 우리 수십 인 뿐입니다. 지금 북만에 광복군이 있고 미주에 흥사단이 있어 각기 기치를 들었습니다만 정신은 서로 비슷하고 또한 모두가 저희 맹세한 동지들이 세운 단체입니다. 그렇다면 하나의 정신으로, 하나의 규모로, 하나의 명의로 통일 연합 못 할 이유가 어디 있겠습니까. 명의는 여러 사람들이 바라는 대로 신민회가 적당할 줄 압니다. 그렇게 되면 국민회는 표면기관이 되겠지요. 병학교는 관할 구역 내 기관이 될 것입니다. 북만에서도 마찬가지입니다. 남만에는 제가 도착하여 지난 1년 사이에 신민이란 이름으로 각처에 조직하고, 이미 여러 개 총감부를 설립하고, 장차 중앙 총감부를 설립할 예정입니다. 병학교는 직할하도록 하고, 부민단은 표면 이용기관으로 되었습니다.

그가 1916년 신민이란 이름으로 조직했다는 단체와 총감부의 구체적인 내용이 무엇인지는 알 수 없으나 망명 이후 만주일대에서 활발한 활동을 벌이고 있었음을 짐작할 수 있다.

신민회를 중심으로 독립운동 단체가 결집하자는 양기탁의 생각이 과거의 조직에 집착하는 것으로 비추어질지도 모르겠으나, 양기탁에게 독립운동 단체의 통합은 그만큼 절실한 목표였다. 그리고 독립운동 단체의 통합을 위한 양기탁의 노력은 이후 양기탁의 민족운동에 가장 큰 줄기이자, 행동강령이기도 했다. 실제로 만주와 노령에서 독립운동기지가 설립된 지역은 신민회원들이 기지개척을 주도했던 곳이었다. 따라서 양기탁의 주장처럼 신민회의 정신으로 통합을 이루는 것이 전혀 불가능한 것은 아니었다. 1920년대 중반까지도 만주지역 독립운동의 주도 인사들은 신민회 출신이 많았기 때문이다. 양기탁은 덧붙여서 안창호에게 "신민회 명의로 남·북만 및 미주에서 하나의 정신으로 뭉치고, 통일된 기관을 설립하는 것이 될 수 있는지"를 묻고 있다. 아울러 "우리 선진자 몇 사람이라도 돌아가며 편지 연락을 하며, 해마다 만나서 사업을 논의하자"고 제안하였다.

그런데 통일기관의 설립은 양기탁 혼자만의 생각은 아니었다. 1917년 중국·노령·미주 등 해외 각지에서 활동하던 민족운동의 주요 인사들은 독립운동 단체뿐 아니라 우리 민족의 통일기관 설립을 모색하고 있었다. 이러한 노력은 1917년 7월 「대동단결선언」으로 나타났다. 즉 대동단결하여 우리 민족의 통일기관인 임시정부를 수립하자는 것이었다. 신규식·박용만·조소앙·박은식·신채호·한진교·윤세복 등 14명의 명의로 발표된 「대동단결선언」은 공화주의에 기초한 유일무이의 통

양기탁이 안창호에게 보낸 편지

신규식

일기관 수립 필요성을 역설하며 각지의 민족운동가들이 이에 동참할 것을 호소하고 있다.

양기탁은 이에 서명하지는 않았으나 일정 부분 관여했을 것으로 추정된다. 1916년 음력 10월 양기탁이 안창호에게 보낸 편지에 의하면 양기탁은 안창호에게 미국에서 하와이·상하이·서북간도·러시아에 이르기까지 윤회통신을 통해 연락할 것을 요청하고 있다. 윤회통신은 서로 연결해가면서 연락하는 것으로 감옥에서 감방 사이의 의사 교환방법으로 사용하던 것이었다. 그리고 상하이 신규식의 거처를 연락거점으로 지정하고 있었다. 신규식은 「대동단결선언」의 주요 인사였다. 「대동단결선언」 참여자와의 인적 연결관계를 보면 양기탁은 박용만과도 이전부터 통신연락하고 있었고 대한매일신보사 재직 시절 박은식·신채호는 동 신문의 주필로 함께 활동하던 사이였다. 조성환은 신민회의 동지로서 양기탁이 망명한 후 북경에서 함께 거주하였으며, 안창호가 보내온 자금을 조성환을 통해 양기탁이 수령하고 있는 것을 보아 지속적으로 연계가 이루어지고 있었음을 알 수 있다. 특히 주목되는 인물은 이일이다. 이일이 어떤 인물인지는 구체적으로 확인되지 않는다. 그러나 양기탁은 안창호에게 이일을 천거하며 "이일 군은 나와 더불어 말없이도 뜻이 통하는 사람이니 수시로 믿고 쓰시게"라고 하여 각별한 애정을 보이고 있다.

이로 보아 이일은 양기탁의 신임이 두터웠던 인물임을 알 수 있다. 따라서 「대동단결선언」에 참가한 이일이 사전에 양기탁에게 이를 알리지 않았을 리는 없어 보인다. 1917년 음력 4월 24일자 양기탁의 편지에 의하면 이일은 1917년에도 양기탁과 서신교환을 계속하고 있었다. 또한 「대동단결선언」이 발표된 직후인 1917년 10월 일제의 정보 보고서에는 박용만이 "양기탁·박은식·신규식·신채호 등과 동맹하여 배일기관으로 대한보국단大韓保國團이란 비밀결사를 조직하여 불령선인 규합 중이라는 설이 있다"고 하여 양기탁과 박용만·박은식·신규식·신채호 등이 지속적으로 연계되고 있었음을 알 수 있다.

「대동단결선언」(1917년)

이와 같이 볼 때 양기탁은 비록 「대동단결선언」 발기인에 포함되지는 않았으나, 그의 지론인 독립운동 단체의 통합과 이의 지도기관 설치를 표방한 「대동단결선언」에 일정한 역할을 하였을 것을 짐작할 수 있다. 단지 양기탁의 경우에는 임시정부의 형태가 아니라 전에 자신이 주도하고 민족운동의 주요 인사들이 망라되었던 신민회를 중심으로 민족운동 세력의 통합을 생각하였다는 점에서 차이점을 찾을 수 있다. 그러나 신민회 역시 공화주의를 지향한 단체였고 「대동단결선언」에서 표방한 방식이 1차적 통일기관을 경유하여 2차적 통일국가를 지향하고 있는 점을 살펴보면 신민회 중심의 통합 의도와 배치된다고만 할 수는 없다.

이와 같은 양기탁의 독립운동 단체 통합시도는 뜻과 같이 결실을 맺지는 못하였다. 각 지역의 성격을 달리하는 모든 단체들이 통합하는 것은 결코 쉬운 일이 아니었기 때문이다. 더욱이 서북 간도를 비롯하여 노령 연해주 등지에는 동포들의 각기 다른 생활 터전에 기초한 자치기구 성격의 단체들이 많았으므로 이들을 묶어 하나의 단체에 소속시키고 통일적으로 지도하는 것은 더욱 곤란한 일이었다.

대한광복회의 의열투쟁을 지도하다

양기탁은 만주로 망명한 직후인 1915년말부터 대한광복회大韓光復會의 의열투쟁을 지도하였다. 대한광복회 총사령인 박상진朴尙鎭은 동년 국내에서 대한광복회를 비밀히 조직하여 의열투쟁을 전개하고 있었다. 양기탁은 동년 12월 안동현에서 만주에 대한광복회 지부 건설을 추진하던 박상진을 만났다. 광복회 지도부 인사 중 총사령인 박상진과 황해도 지부장인 이관구, 길림광복회 설립에 참여했던 주진수, 만주 부사령이었던 김좌진 등은 모두 신민회에 참여했던 경력이 있거나 양기탁·신채호 등과도 밀접한 관계에 있던 인사들이었다. 특히 주진수는 신민회 당시 양기탁과 독립운동기지 개척 활동의 주요한 동지였다.

박상진은 1911년 중국의 신해혁명을 목도하고 혁명운동의 필요성을 절감하였다. 또한 서간도지역을 여행하며 김동삼·이상룡·허혁 등이 설립한 경학사와 부민단이 자금부족 등으로 어려운 처지에 놓인 것을 목격하였고 만주에서 독립군 양성을 계획하고 있었다. 이의 지원을 위해 안동현에 안동여관, 삼달양행 등의 연락거점을 설치한 터였다. 이는 양기탁이 한말 신민회 시절부터 추진하던 사업이었다.

양기탁은 신채호와 함께 안동여관을 거점으로 국내외 인사들과 연락을 취하며 광복회의 의열투쟁을 지도했다. 양기탁의 지도를 받은 광복회는 그해 12월 경주 광명리 우편마차를 공격하는 등 군자금 모집활동을 폈다. 우편마차 습격은 광복회원인 우재룡·권영만이 주도하였다. 우재룡과 권영만은 경주일대의 세금 운송마차 공격을 계획하고 최준으로부터 정보를 얻었다. 권영만은 환자로 가장해 우편마차 주인집에 숙박하고 대구병원에 치료를 받으러 간다는 핑계로 우편마차에 동승했다. 한편 우재룡은 경주 광명리 효현교를 파괴하였다. 이들은 우편마차가 다리를 건너지 못하는 틈을 이용해 세금 8천7백 원을 탈취한 것이다. 당시 8천7백 원은 엄청난 거금이었다.

대한광복회 총사령 박상진

양기탁은 1916년 7월에도 안동현에서 박상진과 회견하며 운동방안을 지도하였다. 광복회가 추진한 대구권총사건은 양기탁의 지도에 의한 것이었다. 대구권총사건은 광복회가 1916년 9월 대구부호 서우순을 상대로 한 군자금모집활동이었다. 김진우·권상석 등이 서우순의 집에 잠입하여 그의 하인에게 총상을 입히고 군자금을 요구하다 체포된 활동이었다. 광복회는 이외에도 일본인 소유의 광산을 습격하고 조선총독의 처단을 시도하는 등 활발한 의열투쟁을 전개하였다. 또한 독립운동에

대한광복회의 활동을 보도한 「동아일보」 기사

비협조적인 친일인물들을 처단하여 민족적 각성을 촉구하였다. 전라도에서 서도현, 경상도에서 장승원, 충청도에서 박용하를 처단한 것이다. 광복회는 국내 각지의 부호들에게 민족운동에 협조할 것을 촉구하는 경고문을 발송하였다. 이 경고문은 광복회원인 채기중이 작성하고 박상진이 교열한 것인데 발송자는 양기탁 명의로 되어 있었다. 당시 광복회원 중 특히 계몽운동 계열 인사들 사이에는 양기탁이 광복회의 지도자로 인식되고 있었다.

신한촌 전경(1920년)

노령「한인신보」편집인

한편 노령 연해주지역에도 이 지역에 이주한 동포 사회를 기반으로 민족운동이 지속적으로 전개되고 있었다. 블라디보스토크 신한촌에는 자치조직인 권업회가 조직되었으며 기관지로 『권업신문』을 발행하였으나 제1차 세계대전의 여파로 폐간되어 우리 동포들을 위한 새로운 신문인 『한인신보』의 발간이 추진되었다.

　이 지역의 유력 인사들인 최재형·김학만·김치보·차석보·최만학·윤능효·채성하 등은 신문 발행을 위해 5천 루블 모금을 목표로 주식을 모집했다. 석판 신문 발행을 위해 간도에서 활자 기계 등을 수입하는 등 준비를 진행하였다. 이들은 명망있고 능력 있는 언론인을 편집인으로 모시고자 했는데 그 적임자가 한말 언론계의 거두인 양기탁이었다. 이들은 발간 주지서主旨書를 발송하는 등 교섭을 벌여 양기탁의 승낙을 얻어내었다.

양기탁은 1917년 12월 8일 서간도에서 노령 블라디보스토크의 신한촌에 도착하였다. 그의 블라디보스토크 도착에 대해 미주에서 간행되는 『신한민보』는 1918년 1월 17일자 기사에서 이를 다음과 같이 보도하였다.

냉육 철창에 10년 풍상을 겪음으로 더욱 문장의 굳센 힘을 단련한 전 『매일신보(대한매일신보를 지칭)』 총무 양기탁 씨는 블라디보스토크 『한인신보』의 편집인으로 청빙함을 허락하여 근일 길림으로부터 블라디보스토크에 도착하였다.

그리고 기사 제목을 「한인신보가 빛이 난다」라고 달아 그에 대한 큰 기대를 감추지 않았다.

노령에는 신민회 당시의 동지인 이동휘 등이 활동하고 있었다. 12월 10일에는 이동휘·김치보·김병흡 등의 발기로 이들 외에 김하구·김진·남공선·채성하·김창환 등 블라디보스토크 주요 인사 48명이 모여 양기탁의 환영회를 개최하였다. 참석자 10여 명의 격렬한 배일연설이 이어졌다. 양기탁도 노령지방의 동포들이 서로 협력하여 최후의 목적인 조국 독립에 매진하자고 열변을 토하였다. 일제의 보고서에 의하면 환영회를 위해 임시로 모은 기부금이 380여 원으로 "일한병합 후 미증유의 성회盛會"였다고 하니 양기탁에 대한 이 지역 인사들의 기대가 어떠

했는지를 짐작할 수 있다.

그러나 양기탁은 『한인신보』 간행에 지속적으로 관여하지는 못했다. 1918년 하바로프스크에서 한인사회당 결성에 참여하고 이후 군사를 모집하는 등 노령과 북만지역에서 그의 활동영역이 매우 다양했기 때문이다. 한 곳에 계속 거주하며 신문을 발행할 시간적 여유가 없었던 것이다.

한인사회당 결성에 참여하다

제1차 세계대전의 발발과 더불어 『권업신문』이 폐간되는 등 러시아 지역 내에서 공공연히 전개될 수 없었던 한인의 민족해방운동은 러시아혁명과 시베리아내전을 맞으면서 큰 변화를 겪게 되었다. 1917년 2월 혁명이 일어나자 러시아지역 한인들은 자치적 대표기관을 설립하기 위해 회의를 소집했다. 연해주·아무르주·자바이칼주 각 지역에서 한족회·군인회·교사회·농민동맹의 대표자 96명이 그해 6월 3일부터 12일까지 니꼴스크-우수리스크에 집결하여 대표자대회를 개최했다. 그 결과 고려족중앙총회가 조직되었다.

당시 러시아에 이주한 한인들 중 귀화한 한인은 원호인, 귀화하지 않은 한인은 여호인으로 불렸는데 대회의 소집과 개최는 원호인의 주도로 이루어졌다. 대표자의 3분의 2를 차지하던 원호인들은 여호인들에게 배타적인 태도를 취했다. 고려족중앙총회는 여호인들에게는 의결권을 주지 않은 채 케렌스키의 임시정부를 지지하기로 결정하였다. 이러한 결정은 항일운동을 추구하는 이들에게는 실망스러운 일이었다. 독일과 전쟁을 계속하려는 러시아 임시정부가 일본을 동맹국으로 간주했기 때문이었다. 나아가 고려족중앙총회는 자신들의 기관지인 『청구신보』를 통해 1917년 12월에 있을 제헌의회 의원 선거에서 케렌스키 임시정부를 구성하고 있는 당파에 투표할 것을 적극 선전했다.

대회에서 소비에트 지지를 표명한 대표자들은 이에 반발하여 대회장에서 탈퇴했다. 이들은 곧 하바로프스크로 모여들어 고려족중앙총회가 여호인들을 배제한 점을 비판하고 귀화 여부를 불문한 한인대표기관을 설립하기 위해 1918년 1월 27일 하바로프스크에서 대표자대회를 소집한다는 발기문을 선포했다. 이 발기문은 고려족중앙총회 측에도 전달되었다. 1917년 10월 혁명 이후 하바로프스크에 극동소비에트 정부가 수립된 상황에서 고려족중앙총회로서는 원호인과 여호인을 망라한 대단체 결성에 반대할 명분이 없었다. 마침내 이들은 1918년 1월 27일부터 2월 3일까지 하바로프스크에서 개최된 전로한족대표자대회에 대표를 참가시켰다. 이 자리에서 두 세력의 타협이 이루어졌다. 그리하여 원호인을 대표하는 문창범을 회장으로 하고, 여호인 세력을 대표하는 김립을 부회장으로 하는 통합 전로한족회 중앙총회가 창립되었다.

한편 고려족중앙총회에 맞서 소비에트를 지지했던 이들을 중심으로 하바로프스크에서 최초의 한인 사회주의 정당을 조직하기 위한 움직임이 일어났다. 이를 위해 이들은 먼저 1918년 3월 하바로프스크에서 한인정치망명자대회를 개최했다. 그런데 이 대회에 양기탁도 참여하였다. 양기탁은 서간도지역의 혁명자를 대표하여 이동녕과 함께 한인정치망명자대회에 참석하였던 것이다.

하바로프스크 도시 전경

양기탁이 활동하던 서간도에는 앞서 본 바와 같이 부민단이 조직되어 있었다. 부민단은 서간도 한인의 자치기구로 독립군 장교 양성을 위해 신흥학교를 운영하였다. 부민단 간부들은 신흥학교 졸업생들을 근간으로 1915년 봄 소북차小北岔 산록의 고원지대에 백서농장白西農莊을 건설하였다. 백서농장 안에는 독립군이 편성되어 둔전을 하며 군사훈련을 받고 있었다. 1916년 이후 서간도에서 부민단 활동을 지도했던 양기탁은 자연히 백서농장의 독립군 양성활동에 참여하였다. 신민회 당시부터 독립운동기지 개척을 시도했으므로 백서농장을 통해 이의 결실을 맺고자 했던 것이다. 백서농장에서 독립군을 양성하던 양기탁은 때마침 신민회 동지인 이동휘가 노령지역 혁명가들의 모임인 정치망명자대회를 개최하자 이에 참석하였던 것이다. 양기탁을 하바로프스크에서 처음 만났던 이인섭은 자서전에서 그 광경을 다음과 같이 묘사하였다.

백서농장에서 농사 중인 신흥무관학교 학생들

1918년 3월 중순이였다. 우리는 전과 같이 보문사에 모여서 담화를 하고 있었다. 문득 면목을 알지 못하는 신사가 들어서자 성재 이동휘 선생이 일어서더니 두사람은 두 손을 마주잡고 말문이 막혀서 서로 뻔히 보다가 마구 끌어안는 그들 눈에는 이슬이 나타났다. 김립 동지가 '양기탁 선생이 왔다'고 하자 우리는 모두 자리에서 일어나 그와 다정한 손길을 잡아서 흥분에 사로잡히었든 침묵을 깨치어 놓았다.

대회에는 러시아지역과 중국 지역에서 활동하던 저명한 민족운동가들이 대거 참여했다. 이동휘와 양기탁·이동녕을 비롯하여 김립·홍범도·김성무·유동열·김규면·김하구·고성삼·이원해·한자문·이인섭·김용환·심백원·오성묵·장기영·최태열·박애·이한영·김종·임호·전일·유스테판·오바실리·안정근·조성환·오하묵 등 러시아와 중국지역의 주요한 한인 혁명가들이었다. 극동 소비에트 정부를 대표하여 끄라스노쇼꼬프와 한인 여류 혁명가인 김 알렉산드라 뻬뜨로비치도 참석했다. 대회는 "볼세비키 주의에 찬동하여 고려혁명을 그 길로 촉진시키자"는 이동휘의 제안을 둘러싸고 두 그룹으로 분화되었다. 이동녕 등 이동휘의 제안에 반대하는 이들은 순수한 독립운동만을 위해 광의단光義團이라는 무장단체를 조

이동휘

직하되, 극동 소비에트 정부로부터는 후원만을 얻자는 의견을 개진했다. 반면 이동휘를 지지하는 세력은 러시아혁명에 호응하여 사회주의 노선의 채택을 주장했다. 결국 대회는 결렬되었다. 이동녕 등은 회의석상에서 탈퇴하고 전로한족회대회가 열릴 니꼴스크-우수리스크로 떠나갔다. 이동녕과 이동휘는 모두 신민회 당시의 막역한 동지였으나, 양기탁은 이동녕과는 달리 이동휘의 주장을 지지하였다. 조국 독립을 위해서는 러시아 당국의 일정한 지원이 필요하다고 보았기 때문이었다. 양기탁에게 사회주의는 고립무원의 조국 독립운동을 활성화시키는 새로운 방안으로 받아들여졌던 것이다.

이동휘의 제안을 지지했던 이들은 이후 한인사회당을 발기하여 1918년 5월 11일 최초의 한인 사회주의 정당인 한인사회당이 창립되었다. 한인사회당은 중앙위원회 내에 조직부, 선전부, 군사부의 3개 집행부서를 두었으며 중앙위원으로는 위원장에 이동휘, 부위원장 오 바실

리, 군사부장 유동열, 선전부장 김립 등이 선임되었다. 양기탁은 한인사회당의 직책을 맡지는 않았다. 대신 군사모집의 역할을 맡았다. 한인사회당은 군사부의 사업으로 하바로프스크에 유동열을 책임자로 하는 사관학교를 설립하였다. 유동열 역시 신민회 당시의 동지였다. 양기탁은 백서농장을 중심으로 한 서간도의 군인들을 이 사관학교에 파견시키기로 하였다. 그 결과 백서농장의 군인들은 10여 명씩 중국인으로 변장하여 길림에서 도보로 와서 송화강을 따라 하바로프스크로 파견되었다. 그러나 50~60여 명을 파송한 후 연해주 일대가 일본군 및 러시아 백군들에게 강점당하자 파송을 중단할 수밖에 없었다. 이후 양기탁은 주진수·김좌두 등과 함께 북간도인 동녕현 소수분 팔리평에 거주하며 군사를 양성하고 있었는데 1918년 10월 2일자 일제 정보 보고서에는 이를 다음과 같이 보고하고 있다.

> [양기탁, 주진수 등은] 노국 과격파와 상통하여 동지 백여 명과 함께 과격파로부터 병기를 빌려 받고 있는데 본년 7월 6일 니콜리스크에서 체코군과 전투의 결과 과격파 군이 패전하여 전기 배일선인 등은 과격파로부터 빌린 기관총 1정, 5연발 소총 15정을 휴대하고 지나 동녕현 소수분 팔리평에 도주해 왔는데 이곳은 배일 선인의 소굴지로서 현재 3백여 명은 항상 총기 5백여 정을 준비하고 농업하는 한편 밤 재배 혹은 맹수 포획을 하며 여가에는 「개정 병졸 야외 근무」(1915년 편찬한 것인데 우리 일본의 야외근무령과 유사한 것임)에 의해 교련을 게을리하지 않고 주진수의 말에 의하면 금번 일본은 출병하여 독일·오스트리아와 교전하기에 이

르러 만약 일본이 패전하는 경우에는 독일의 후원하에 한국 독립의 도모를 계획한다.

동성한족생계회를 조직하여 동포들의 생활기반 마련에 힘쓰다

양기탁은 만주로 망명하여 독립운동 단체의 통합에 힘쓰는 한편 만주지역에 거주하는 우리 동포들의 생활기반 마련에도 노력을 기울였다. 양기탁이 신민회 당시 해외에 독립운동기지를 개척하기로 한 계획은 이미 많은 우리 동포들이 만주와 노령 등지에 이주하여 터전을 마련하고 있었기 때문에 가능한 일이었다. 우리 동포들이 거주하는 터전을 바탕으로 할 수밖에 없는 것은 이들이야말로 독립군에 참여할 인물의 공급원이자 독립운동 자금의 원천이기 때문이었다. 따라서 독립운동기지가 성공적으로 운영되기 위해서는 그 터전을 이루고 있는 우리 동포들의 생활안정이 무엇보다 긴요한 문제였다. 그러나 양기탁이 만주로 망명하여 알게 된 우리 동포들의 생활은 비참한 것이었다. 농업 외에는 달리 생활의 방도가 없었으나, 산골짜기에 화전을 일구거나 중국인 지주의 소작농으로 생활하는 경우가 많아 생활이 어려웠다. 그나마 중국인은 하지 못하는 수전농사(쌀농사)를 할 수 있었으나 자본이 없어 대부분의 동포들은 호구지책에 급급하였다. 이러한 상황이었으므로 독립운동기지와 무관학교의 운영도 어려울 수밖에 없었다.

양기탁은 만주의 동포들이 어렵게 생활하는 모습을 보며 그들이 좀 더 나은 생활을 할 수 있는 방도를 끊임없이 모색했다. 만주로 온 1916

년에 양기탁은 미주의 안창호에게 편지를 보내 미주의 동포들이 만주로 이주하거나 자금을 내어 만주에 농장을 경영해 줄 것을 요청하였다. 미주의 동포들은 군사나 무기가 있어도 독립전투에 직접 참여할 수는 없으니 미주 동포들이 만주로 이주하거나 농장을 설립하여 독립운동 자금으로 활용하자고 제안하였다. 자금이 넉넉한 미주 동포들 중 미화 5백 원 정도를 가진 여러 명을 만주로 보내 토지를 사서 모범농장을 경영하고 이익금의 절반 내지 3분의 1을 공익으로 제공케 하자는 것이었다. 이는 단지 제안에 그치고 실현되지는 못하였으나 동포들의 생활안정을 위한 양기탁의 노력은 계속되었다.

그러한 노력이 실천에 옮겨진 것이 1917년 12월에 설립된 동성한족생계회東省韓族生計會였다. 양기탁이 오주혁·정안립 등과 함께 만주지방 일대에 근거를 두고 있는 동포들의 생계를 증진하고 안정을 꾀해 서서히 대결합력을 이룬다는 목적으로 동성한족생계회를 조직한 것이다. 길림성吉林省·봉천성奉天省·흑룡강성黑龍江省의 동삼성(만주)에 재류하는 우리 동포를 통일하는 기관으로 삼을 목적이었다. 활동 목표를 첫째 노동·상업·광업·삼림업을 장려하며, 둘째 논을 개척하며, 셋째 억울한 일을 펴주며, 넷째 교육을 발전시키며, 다섯째 신문과 서적을 편집하는 것 등으로 정하였다. 본부는 길림성에 두고 지부는 동삼성 각 중요지방에 두기로 하였다. 회장은 여준, 부회장은 김약연이 선임되었고 정안립이 실무를 맡았다. 양기탁은 만주지역에 오래 거주하여 지역민들로부터 신망을 얻고 있는 김약연 등을 앞세워 생계회를 실질적인 기관으로 발전시키고자 했던 것이다.

그러나 동삼성 거주 동포들을 아우르는 통일기관의 조직 노력은 양기탁이 1918년 체포되어 국내로 압송됨에 따라 구체적인 성과를 얻지는 못하였다. 양기탁이 당시 만주의 정세를 독립운동에 활용하기 위해 중국인 주사형朱士衡이 추진하던 고려국 건립계획에 참여하던 중 일경에 체포되고 말았던 것이다.

고려국 건립계획이란 다음과 같았다. 1917년 가을 중국의 남방파 군벌에 속하는 중국인 주사형이 북방파 군벌을 견제하기 위해 만주의 독립을 선전하고 다녔다. 즉 만주가 독립하면 만주에 대다수를 점하는 한민족도 독립된다는 계획이었다. 실행방법으로 남북을 불문하고 독군의 명의로 일본에서 무기를 차관하여 남방광동군南方廣東軍의 병력으로 일거에 만주독립의기를 올려 목적을 달성한다는 것이었다. 양기탁은 주사형의 계획이 만주에 거주하는 우리 동포들을 기반으로 한 독립국의 건립으로 이어질 수 있을 것으로 판단하고 이에 적극 호응하였다. 그리하여 동성한족생계회와 연계하여 이를 바탕으로 고려국 건립을 계획하였다. 동성한족생계회를 주도한 정안립·맹보순·장진우 등이 함께하였다. 이를 위해 양기탁은 1918년 8월 주사형과 함께 간도를 출발하여 길림·철령·장춘 등지를 경유하며 동지 규합에 노력하였다. 그러나 양기탁은 다시 상해에서 주사형과 재회하기로 약속하고 동년 12월 초 천진에서 상해행을 준비하던 중 밀고에 의해 일경에 체포되고 말았다. 고려국 건립계획은 1918년 양기탁이 체포되고 주사형의 계획도 흐지부지되어 실패로 돌아갔다. 양기탁은 국내로 압송되어 중국 재류금지 3년과 거주 제한처분을 받아 다시 부자유한 몸이 되고 말았다.

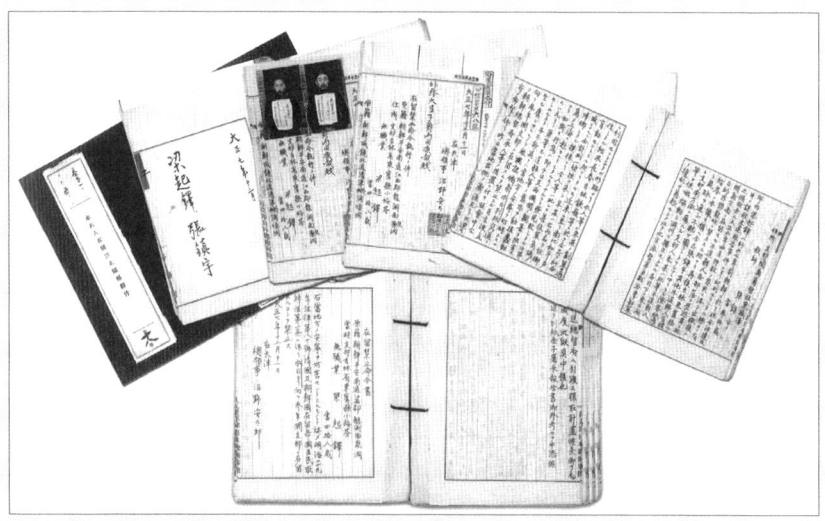

양기탁 · 장진우 등의 중국 재류금지 처분 관련 문서

재류금지 처분 당시의 양기탁

장진우

국내에서의 독립운동 07

『동아일보』의 창간

고국에 잡혀 온 그는 다시 거주지 제한의 유배생활을 하게 되었다. 그가 1년간 유배되었던 곳은 전남의 고금도古今島였다. 그는 고금도 유배생활 중에도 조국독립을 위한 열정을 늦추지 않았다. 고금도와 인접한 소안도의 민족운동에 큰 영향을 주었던 것이다. 당시 소안도에는 약관의 청년 송내호를 중심으로 수의위친계가 조직되어 항일의식을 함양하고 있었다. 수의위친계는 소안도 뿐 아니라 전남 일대로 세력을 확장하여 각 지역의 주요인사들과 연계되어 있었다. 양기탁은 송내호의 부친인 송윤삼과의 친분을 바탕으로 송내호 등 소안도지역 지사들의 민족운동을 지도하였다.

   이듬해인 1919년 3·1운동이 지난 후 일제의 식민지 정책에도 변화가 일어 독립운동의 상황이 여러모로 달라져 갔다. 전민족적 3·1운동의 기세에 놀란 일제는 문화정치를 표방하며 각종 사회단체와 신문사의 설립을 허용하였다. 이에 따라 김성수 등 유지인사 78명의 발기로『동아일보』창간이 추진되었다. 이들은 고금도에 갇혀있는 항일언론의 선봉장 양기탁을『동아일보』의 고문으로 추대코자 하였다.『동아일보』창간 추진인사들은 때마침 유배로부터 풀려나게 된 양기탁을 모셔오기 위해 장덕준張德俊을 고금도에 보냈다. 장덕준은 이후 동아일보사의 통신부장 겸 조사부장을 지낸 인사였다. 장덕준의 권유에 따라 1919년 12월 유배지에서 상경한 양기탁은 신민회 당시의 동지인 이교담의 집에 머물며 다시금 독립운동의 전선에 나설 준비를 가다듬었다.

1920년 4월『동아일보』가 창간되면서 양기탁은 고문 겸 편집감독으로 추대되었다. 동아일보사가 양기탁을 추대한 데에는 한말 신문계 거성이었던 그의 후광을 이용하고 대한매일신보사의 항일정신을 이어간다는 명분을 찾고자 하는데 있었다.

양기탁은 일제가 3·1운동 이후에 민족주의자들을 회유하기 위한 방법으로 신문 발간을 허락하긴 했으나 항일 언론운동으로는 독립을 이룰 수 없다고 생각했다. 더욱이 신민회가 만주에 독립운동기지를 개척하고 그 동지들에 의해 독립군이 무장활동을 벌이던 중이었으므로 그곳을 순방한 양기탁으로서는 동아일보사에 관심이 적었다. 양기탁은 보다 적극적인 독립운동의 방략을 생각하고 있었기 때문에 동아일보사에는 깊이 관여하지 않았다.

통천교를 창시하다

양기탁은 우리 민족의 정신적인 통일에도 관심이 많았다. 외세에 맞서기 위해서는 우리 민족의 정신적인 구심점이 필요하다고 생각한 것이다. 양기탁과 함께 『대한매일신보』의 논조를 이끌던 신채호와 박은식이 모두 우리 민족의 정신적 기초를 강조했던 것과 같은 맥락이라 하겠다. 신채호와 박은식은 '국혼國魂'을 강조함으로써 국가의 멸망에도 불구하고 나라를 되찾을 수 있는 정신적 기반이 중요함을 역설하였다. 이는 모두 역사 저술이나 논설을 통해 주장된 것이었다. 양기탁은 이의 구체적인 실천에 관심이 많았다. 그 방법은 민족종교를 통한 민족정신의 앙양이었다. 그리하여 1920년 우리 민족역사에 기반을 둔 민족종교인 통천교統天敎를 창시하였다.

그는 이미 1905년 『대한매일신보』에 「종교개혁이 위정치개혁의 원인」이라는 글을 실어 종교가 국가를 위해 존재해야 한다고 설파하였다. 양기탁은 특히 종교계의 난립에 따른 우리 민족정신의 분열을 우려하였다. 또 그는 1910년 5월 국가 멸망의 긴박한 상황에 처하여 『대한매일신보』에 종교계에 호소하는 논설을 사흘간 연이어 발표하였다. 정치사회의 모든제도가 경쟁되는 동시에 종교도 개혁이 필요하다고 보았기 때문이었다. 종교가 망해가는 국가를 위해 적극적인 역할을 해야 한다는 취지였다. 그가 생각한 종교는 "반드시 그 나라 교권을 조종하여 그 민심으로 하여금 자국을 숭배하게 하는 것"이었다. 또한 그는 다음과 같이 종교의 난립에 따른 민중의 분열을 우려했다.

불과 1천만인 국내에 종교가 무릇 수십 종이니 한몸에 여러 개 머리를 가지고 있는 것 같다. 장차 온전하게 신체를 보존하려면 어찌하여야 할 것인가.

양기탁은 서양의 신진사상이 수입되어 근대화에 이바지하는 것은 다행한 일이지만 이로 인하여 외국 숭배주의가 팽배해지면 자아를 잃어버리게 된다고 보았다. 따라서 일제로부터 벗어나려면 청년들이 자각하여 사회를 개선해야 하는데 그 방법은 조선이라는 사상으로 기초를 쌓고 그 토대 위에 여러 외국의 문물을 접목해야 한다고 믿었다. 그러므로 자기 나라의 영웅·철인을 숭배해야 한다는 것이다. 그가 조선의 인물 중에 숭배할 만한 영웅과 철인으로 주목한 인물은 광개토대왕·연개소문·설원랑·원효·단군·부루·양만춘·정지상 등인데 이들은 역사상 외적과 싸워 국토를 넓혔거나 자주정신이 강한 인물들이었다. 그는 이러한 자국의 인물을 연구하지 않고 해외에 유학한 후 자국의 사상을 무시하는 것은 사상계에 실로 위험한 일이라고 하였다. 또 "금번 구주 여러 나라의 흥망은 대개 다 물질로 된 것이 아니요, 사상으로 된 것"이라고 하면서 사상의 통일과 주체적 태도를 가져야 함을 역설하였다.

그는 사상을 주체적으로 만들고 그 분열을 막기 위한 방법으로 도덕의 진보를 주장하였다. 도덕의 진보를 위해서는 도덕의 표준을 세워야 하며 각 교파간의 분쟁도 도덕율의 통일로 종식된다고 생각하였다. 도덕율의 통일을 생각한 이유는 종교단체들까지 친일적이 되거나 각 교파끼리 서로 대립하여 분쟁을 일삼기 때문에 정신적인 힘이 분산되는 것을 막기 위함이었다. 이러한 그의 생각이 통천교 창립으로 이어진 것이다.

통천교는 1920년 5월 20일 경성부 가회동에서 개교식을 열었다. 그가 통천교를 창립하던 1920년은 사상과 종교의 무정부 상태나 다름없었다. 서양 종교, 일본 불교, 민족적 종교, 동학의 시천교 등 종교의 홍수기였다. 이는 일찍이 양기탁이 우려하던 상황이었다. 양기탁은 통천교 창시의 선언서에서 다음과 같이 밝혔다.

> 통천교는 단순히 조선에만 한함이 아니오, 널리 세계에 전파하야 전세계의 모든 종교를 이에 통일하려는 의기 …… 천도교·시천교·청림교·태을교·제세교·경천교 등을 통일하고 천도교와 기독교의 세력을 구축하려 기도한 것이라.

또 통천교의 창립취지서에서 "각 종교계 동지가 다수 회합하야 연합적 종교를 설립함에 찬동한 결과 차를 제출하였도다"고 하였다. 이때 회합을 본 종교단체 중 통천교에 합해진 여섯 종교는 동학 계열 중에서 천도교와 시천교, 동학의 한 갈래인 제세교·경천교·청림교와 보천교 계열의 태을교였다.

양기탁의 통천교는 이와 같이 여섯 종교가 합한 것인데, 그중에 태을교를 제외한 다섯개의 종교가 동학에 기초를 두고 있다. 이는 양기탁이 동학을 접한 경험이 영향을 미쳤을 것이나, 동학 계열의 종교들이 기본적으로 민족 정서에 기초하고 있던 점도 작용하였을 것이다. 통천교는 동학에서 생겨난 천도교·시천교·제세교·청림교·경천교 등을 통합하였으나 동학의 교리만을 합한 것은 아니고 양기탁 자신이 생각한 종교사상을 종합한 것이다. 국가에 적합한 종교사상만을 간추려 재창조한 종교라고 볼 수 있다. 결국 통천교는 국권회복을 위한 사상 통일의 필요에 의해 창시된 특별한 종교였다. 양기탁에게 종교는 국가와 민족보다 앞설 수 없었다. 통천교는 그 교리에서 보듯이 한국정신사의 원류를 우리나라의 전통사상인 상고성신上古聖神에 두고 영靈의 통일을 내세웠다. 통천교의 교지에서는 이를 다음과 같이 밝히고 있다.

> 우리나라를 생각해 보면 상고시대 성신聖神이 하늘에서 내려온 이래 도덕을 숭상하여 교화敎化가 전성하였는데, 중고시대에 이르러 선교仙敎를 국교로 삼아 어느 한 쪽에 편중되지 않고 외래의 각 종교를 통일하여 그 안에서 길렀고 각 교의 통일이 우리나라에서 비롯되었으며 또 그때에 행하였다.
> 그런데 고려 때에는 불교를 숭상하고 조선은 유교를 숭상하니 이로부터 종교의 열熱이 어지럽게 일어나 성대 통일의 아름다운 일이 문란해졌으니, 어찌 걱정되지 않겠는가. 대개 종교는 천도를 밝히는 데 있고 천도는 인간 마음의 영에 있으며 오직 하나이다. 심령으로 하여금 항상 미혹하지 않게 스스로 이를 밝혀야 한다.

상고시대 우리나라에 성신이 내려온 이래 중고시대에 선교가 중심이 되어 각 종교를 통합한 상황을 이상향으로 삼고 우리 민족의 전통사상을 근간으로 각 종교의 통합을 위해 통천교를 창시한 것이다. 그러므로 그의 통천교는 독립운동의 일환으로 구상된 것이라고 할 수 있다. 그가 통천교를 만들던 당시에는 그 기세가 대단하여 일제의 주목을 받았다. 그러나 일제의 비상한 관심과 견제로 교세를 확장하기가 어려워 통천교는 더 발전하지 못하였다. 결국 그의 종교적 시도는 1920년 한때의 일로 끝나고 말았다. 그러나 양기탁의 종교에 대한 관심은 이후에도 지속되었다. 예컨대 1920년대 만주 회덕현 등지에서 한인들의 생활 향상을 위해 농장경영을 추진하면서 통천교 목사로서 모국 부흥사업에 동참할 것을 호소하기도 하였다.

방한하는 미국의원단에 독립 호소를 추진하다

양기탁은 국내에서 통천교를 창시하고 동아일보사에 관여하면서도 해외와 연락하여 비밀리에 독립운동을 준비하고 있었다. 때마침 1920년 8월 미국의원단이 동양 삼국을 순방하면서 한국을 방문한다는 소식이 전해졌다. 독립운동계에서는 이를 우리의 독립 필요성을 세계에 알릴 절호의 기회로 파악하였다. 대한민국임시정부를 비롯하여 만주의 독립군 단체에서도 이 기회를 이용하여 독립에 대한 우리 민족의 열망을 세계에 알릴 계획을 추진하였다.

  이에 앞서 대한민국임시정부는 만주지역 독립운동 단체를 임시정부 산하기관으로 편제시키고자 하였다. 그 결과 서간도지역 독립운동 단체 중 조맹선·이탁·오동진 등을 중심으로 광복군참리부·광복군사령부·광복군총영 등이 결성되었다. 서간도 관전현에 본부를 둔 광복군총영의

광복군총영 주둔지(관전현 홍통구)

총영장은 오동진이었다. 1920년 8월 미국 상하의원으로 구성된 동양시찰단이 서울을 방문한다는 소식을 접한 임시정부에서는 우리 민족의 자주독립 열망과 일제의 침략상을 세계 여론에 호소할 절호의 기회로 파악하였다. 그리하여 동양시찰단의 서울 방문을 계기로 일제의 주요기관 및 시설들을 파괴하고 일제 관리들을 처단할 계획을 세워 이를 광복군총영에 지시하였다. 광복군총영은 오동진의 총지휘 아래 3개의 결사대를 편성하여 국내에 파견하였다.

　제1대는 김영철·김최명 등으로 서울 방면, 제2대는 박태열·장덕진·문일민·우덕선·안경신 등으로 평양 방면, 제3대는 임용일·이학필 등으로 선천과 신의주 방면에 각각 밀파한 것이다. 이들은 국내에 잠입하여 일제 식민통치 기관 폭파 등의 임무를 수행하였다. 제2대의 문일민·우덕선 등은 평남 경찰부 청사에 폭탄을 던져 일부를 파손하고 경찰 2명을 폭사시켰다. 평양부청과 평양경찰서에도 폭탄을 던졌으나 아쉽게도 불발되고 말았다. 대원들 중 안경신은 26세의 여성으로 만주에서 거사용 폭탄을 밀반입하는 어려운 임무를 맡아 수행하였으며 경찰에 체포되어 징역 10년의 중형을 받았다. 제3대의 이학필과 박치의는 선천경찰서에 폭탄을 던져 건물을 파손하고 총독부 관리가 된 한국인의 민족적 각성과 사퇴를 촉구하는 내용의 경고문과 격문을 살포하였다. 그런데 이 거사의 주인공인 박치의는 17세의 신성중학교 학생이었다. 그는 광복군총영에서 파견된 이학필 등의 권유로 이 거사에 참여하여 9월 1일 새벽 선천경찰서에 투탄한 것이다. 이로 인해 체포된 박치의는 사형 판결이 나자 "하나님 감사합니다"라고 크게 외쳐 방청자들을 놀라게 하였다고 한다. 그는 사형 집행 당시에도 교수대에서 "나는 다만 조국을 위해 죽을 따름이다"라고 담담히 말하고 순국하였다. 서울로 특파된 제1대의 김영철·김최명은 서울로 잠입하는 과정에서 8월 16일 친일앞잡이 평안북도 자성 군수를 처단하고 친일파인 장연 군수도 사살하였다. 이들은 서울에 도착하여 총독부, 남대문역, 종로경찰서 등을 폭파할 계획을 세우고 이를 추진하던 중 거사 직전인 8월 21일 경찰에 탐지되어 체포되고 말았다.

이같이 광복군총영 결사대원들이 각지에서 눈부신 의열투쟁을 전개하는 한편 대한민국임시정부의 안창호는 '미국의원시찰단 환영준비위원회'를 구성하고 국내의 양기탁과 이상재에게 지원을 요청하였다. 국내에서는 동아일보사가 준비위원이 되고 임시사무실은 중앙기독교청년회관에 두었다. 양기탁은 1920년 8월 24일 남대문 정거장에 내리는 미국의원단 일행에게 조선 독립에 대한 청원서를 전달할 계획을 세웠다. 그러나 1920년 8월 13일 상해의 안창호가 보낸 특파원 김인근金仁根과 오희문吳熙文이 신의주에서 체포되어 안창호와 양기탁의 관계가 발각되었다. 안창호가 우송한 독립청원서 147매를 양기탁이 감춘 사실도 발각되어 이튿날인 14일 그도 종로경찰서에 구금되었다. 이때 양기탁이 감금된 사실을 걱정하던 모친 장씨가 별세하고 말았다. 장씨는 70세 노령으로 양기탁이 105인사건으로 옥고를 치르고 출옥하여 만주로 망명하자 바람찬 만주 고산자孤山子로 이주하여 생활했었다. 이후 1920년 3월 양기탁이 고금도 유배에서 풀려나 동아일보사 편집감독에 부임하기 위해 서울로 올라왔을 때 서울로 돌아왔던 것이다. 효성이 지극했던 양기탁의 딱한 사정을 근심한 친구들이 경찰서에 진정하여 그는 모친의 장례를 치르는 명목으로 1920년 8월 29일 방면되었다. 일제는 이 일이 미국의원단에 알려질 것을 우려하여 오히려 크게 문제 삼지 않았다.

다시 만주로 08

만주 망명 작전

1921년 5월 양기탁은 대한민국임시정부 대통령 설이 신문에 보도되어 세간의 관심을 받았다. 사실무근으로 밝혀졌지만 민족운동계에서 차지하는 그의 위상을 보여주는 일이었다. 초대 대통령 이승만에 실망한 민족운동계 인사들이 양기탁에게 거는 기대가 그만큼 컸음을 보여주는 사례라고 하겠다. 같은 해 9월에는 미국에서 개최되는 태평양회의에 보내는 한국인민대표들의 청원서에 이상재와 함께 국민공회 대표로 서명하기도 하였다. 그러나 일제의 감시로 국내에서의 활동은 많은 제약을 받았으므로 독립운동을 위해서는 국외로 나가야 했다. 이러한 양기탁의 소망은 뜻하지 않은 방식으로 이루어졌다. 양기탁의 명망과 지도력이 필요했던 만주 독립운동계에서 그를 망명시킨 것이다.

오동진이 주도하던 광복군총영에서 이관린과 장철호를 국내에 파견하여 양기탁의 망명을 추진하였다. 여성 단원인 이관린은 장철호와 부

정이형

부로 가장하고 떡장수 행세를 하며 일본 경찰의 감시를 피해 서울로 잠입하였다. 후일 양기탁과 함께 정의부, 고려혁명당 등에서 활동한 정이형은 자신의 회고록에 이관린에게 직접 들은 양기탁 망명작전을 흥미진진하게 서술하고 있는데 다음에 그 일부를 소개한다.

[이관린은] 서울에 와서도 자금을 구하기 위하여 모 부호의 집에서 식모살이를 한 달 반 동안 하여서 주인에게 면목이 익숙하게 되자 조용히 틈을 타서 별안간에 밥상을 들고 방에 들어가서 밥상을 내려놓고는 주인에게 단총을 내보였다. 그리고 임시정부의 증명을 내어 보이면서 "나는 이러이러한 사람인데 볼 일이 있어 서울에 왔다가 노자가 부족하여 당신 댁에서 식모를 살았고 오늘 이 요구를 하는 것이니 부당한 요구는 아니요. 당신이 감당할 수 있는 것이니 의사가 어떠한가?"하고 물었다. 물론 주인 내외분은 처음에는 대단히 놀랐지만 마음을 돌려 하는 말이 "우리 독립운동이 이만큼 전개된 줄 몰랐습니다. 나같은 인생은 남자된 것이 도리어 부끄럽습니다"하고 금고문을 열고 있는 대로 전부 제공하면서 "내일은 들어올 돈이 있으니 하룻밤을 더 기다려서 나의 정성을 받아주시오. 약소하지만 노자路資에 보태시오"라고 하였다. 장청(이관린) 여사도 쾌히 허락하고 그 이튿날을 지내고 또 수일을 지체하여 양기탁 선생을 모시고 안동까지 무사히 나와서 만주 관전지방으로 와서 ······.

그러면서 정이형은 "만주독립운동을 정신적으로 지도하신 양기탁 선생을 소개하는 데 있어서 천신만고를 무릅쓰고 다니신 분의 사실을 소개한 데 불과하다"고 하며 뒤이어 양기탁의 만주 독립운동 단체 통합 노력을 서술하고 있다. 이를 통해서도 만주지역에서 차지하는 양기탁의 위상을 가늠할 수 있다.

통의부 결성을 주도하다

1920년 간도참변 이후 남만주지역의 각 독립군단은 자체적으로 진영을 정비하여 근거지를 구축하였다. 이들 독립군단은 진영이 정비되는 대로 일제와 무장항쟁을 재개하였다. 하지만 각 독립군단의 실상은 간도참변 이전보다 훨씬 축소된 규모의 무장력을 가질 수밖에 없었고, 또다시 일제가 대규모 공격을 해 온다면 그들을 이겨 내기는 어려울 수밖에 없었다. 따라서 더욱 효율적인 항일무장투쟁을 위해서는 각 단체의 통합이 절실하였다.

때마침 1921년 4월 북경에서 박용만·신숙 등의 주재로 전민족 항일무장세력의 통일을 목적으로 북경군사통일회의가 개최되었다. 미주·서북간도·노령 및 국내에서 참가한 10개 단체의 대표 17명이 한 달간 열띤 토론을 펼쳤다. 그러나 이 회의는 결국 대표들이 바라는 소기의 목적을 달성하지 못하고 유회되고 말았다. 이에 실망한 만주지역 각 독립군단 대표들은 만주만이라도 통일된 군사조직을 결성해야 한다는 필요성에 크게 공감하고 있었다.

이러한 때 양기탁이 1922년 1월경 국내에서 만주 관전현에 들어서면서 제일 먼저 부르짖은 것이 독립운동 단체의 통합이었다. 독립운동이 세계의 강국인 일본을 상대로 하는 만큼 강력한 조직을 가져야 하므로 우리의 작은 힘을 모두 뭉쳐야 한다는 것이었다. 양기탁은 관전현 및 압록강 상류를 순찰하고 각지 독립운동단체에 대해 다음과 같은 선전을 하며 통합의 필요성을 역설하였다.

독립단의 목적은 조국의 흥복興復사업인데 고로 사업을 도모하는 것은 먼저 민심을 귀복歸服시킨 뒤에 각 단파團派의 통일 분투심의 강고 및 임기응변의 수단을 요한다. 그런데 제일 군등君等은 남만 일대에 의기를 들은 이래 이미 3~4년인데 하등 성적을 보지 못하고 도리어 민재를 약탈하고 인명을 상해하여 도만 이래 아 국토를 회복한 사업이 없다. …… 그러므로 장래의 방침은 먼저 남만 일대의 각 단파를 통합하여 병력을 증대하여 단세團勢를 강고히 하고 기회를 보아 압록강을 건너 적과 혈전으로 국은에 보답하고 죽음으로 조선의 영을 위로하는 것이 일대 쾌사인데 그렇지 않으면 백두산하 요처에서 농성하여 시기를 기다리는 것이 일계책이다.

이와 같은 양기탁의 주창에 따라 독립운동 단체 통합운동의 선두에 나섰던 것이 광복군총영의 오동진과 광한단의 현정경 등이었다. 오동진은 당시 광복군총영 뿐 아니라 여러 단체에서 혈기 왕성한 청년층의 큰 신임을 얻고 있었고, 이후 통의부·정의부 등에서도 핵심적인 역할을 하였다. 특히 오동진은 이관린과 장철호를 국내에 파견하여 양기탁을 만주로 망명시킨 장본인이었으므로 1927년 말 체포되어 국내로 압송될 때까지 양기탁의 활동을 적극 지원하거나 보조를 같이 하였다. 양기탁은 오동진에게 정신적인 스승인 셈이었다. 현정경은 1920년 광한단을 조직하여 무장투쟁을 전개하였고, 이후 통의부·정의부 등에 참여하였으며 정의부 중앙위원장까지 역임한 인물이다. 1926년에는 양기탁과 함께 고려혁명당 결성에도 참여한 양기탁의 측근이었다. 이들은 양기탁의 뜻을 쫓아 남만주지역 독립운동 단체의 통합을 위해 각 단체에 교섭하는 등 적극적으로 활동하였다. 이러한 노력의 결실로 압록강변 남만주에 산재해 있던 독립군단 대표들은 1922년 초 환인현에 모여 보다 결집력 있고 광범위한 통합독립군단을 결성할 것을 결의하였다. 준비기관으로 남만통일회를 결성하고 그 후원회까지 만들었다.

오동진

현정경

이들 대표는 회의를 거듭한 결과 1922년 2월 초, 각 군단은 기존의 조직을 해체하고 통합조직체인 대한통군부를 결성하였다. 이에 참가한 독립군단은 서로군정서·대한독립단·벽창의용대·광복군총영·평북독판부·보합단·광한단 등이었다. 대한통군부의 결성 목적은 대규모의 독립군으로 효과적인 항일전을 전개하는 것에만 있는 것이 아니고 수십만이 넘는 만주 한인사회의 자치를 담당하는 행정부의 기능도 갖고자 한 것이었다. 이러한 목적으로 결성된 대한통군부는 3·1운동 후 남만주지역의 항일단체와 독립군단이 가장 폭넓게 통합을 이룬 단체였다. 그러나 대한통군부는 남만주지역의 모든 독립군 단체를 통합한 것은 아니었다. 아직도 남만주 각지에는 많은 단체들이 흩어져 개별적으로 활동하고 있었으므로 지역 주민들에게 통일적인 영향력을 행사할 수 없었다. 지역의 주민들 역시 독립군에 대한 인식이나 태도가 한결같지 않았다. 양기탁은 남만주지역 주민들의 안정과 이에 바탕을 둔 강력한 대일항전을 위해서는 다시 대한통군부를 완전하게 조직하는 것이 현재의 최대 급무라고 역설하였다.

이를 위해 양기탁은 남만한족통일회라는 촉진기관을 만들어 남만주지역 전 독립군 단체의 통일을 도모하였는데 남만한족통일회장에는 남만지역에서 명망이 있던 김승만을 선임하였다. 1922년 5월경 양기탁은 국민대표회의의 개최를 준비하며 남만지역 독립운동계의 의견을 수렴하기 위한 국민대표회 남만촉성회의 회장을 맡았고 김승만은 부회장 겸 경리를 담당하고 있었다. 때문에 남만지역 독립운동 단체의 통합운동에는 자신과 뜻을 같이하는 김승만을 앞세웠던 것이다.

이러한 양기탁의 노력에 힘입어 남만주의 각 독립운동 단체들은 단체 통합을 위한 실행방법을 모색하기 시작하였다. 대한통군부는 같은해 6월 3일 직원회의를 개최하여 아직 가담하지 않은 단체들까지 통합시키는 방안을 논의하였다. 그 결과 대한통군부를 확실하게 개방하여 더욱 적극적으로 다른 단체들을 가담시키자는 결론을 내고, 각 단체에 교섭위원을 파견하여 설득하도록 하였다. 이어 대한통군부는 6월 20일 제1회 총관회를 소집하였다. 이 회의에서 참가자들은 통합 이전 각 단체에서 사용하던 호적을 재정리할 것과 재정을 한 곳으로 통일하고 군사력을 증강하기 위한 독립군 병력충원 문제 등을 논의하였다. 대한통군부 자체가 통합 독립운동 조직체였으나, 아직까지 미흡한 통합체로 간주한 대한통군부 간부들은 이후 통합운동을 꾸준히 벌여갔다.

양기탁은 1922년 8월 2일 환인현 남구 마권자에서 각 독립단의 통일 조직 및 금후의 방침을 결정할 목적으로 환인현 각지 독립단의 주도인 사들을 소집하여 긴급회의를 개최한다는 통지를 보냈다. 8월 23일 마침내 환인현 마권자에서 통군부를 비롯하여 서로군정서·대한독립단·관전동로한교민단·대한광복군영·대한정의군영·대한광복군총영·평북독판부 등 이른바 8단 9회의 인사 71명이 모여 통합 방안을 논의하였다. 이들 대표는 7일간 회의를 열어 새로운 통합 독립운동 단체의 결성을 협의하였다. 기독교 대표자 백시관과 청년광복군총단장(구 광복군제1영장) 변대우(변창근) 등은 부하 결사대원 20여 명을 인솔하고 참석하여 열심히 통일의 필요를 절규하고 통일에 참가하지 않으면 합동 각단이 제휴하여 응징하자고 열변을 토하기도 하였다. 종래 통일에 동의하지 않던 대한독립단장 이웅해도 결국 통합에 찬성하였다. 이들은 마침내 통합 독립운동 단체의 결성에 합의한 후 8월 30일 남만한족통일회 회장 김승만의 명의로 통의부의 성립을 발표하였다.

통의부의 초기 중앙조직은 총장 밑에 민사·교섭·군사·재무·학무·법무·교통·실업·권업·참모부 등의 10개 부서와 비서과·사판소가 설

통의부 결성 보도기사

치된 민정과 군정을 겸비한 형태였다. 각 부서의 책임자는 다음과 같다.

총　　　장 : 김동삼　　　부 총 장 : 채상덕

비서과장 : 고활신　　　민사부장 : 이웅해

교섭부장 : 김승만　　　군사부장 : 양규열

사 령 장 : 김창환　　　법무부장 : 현정경

사판소장 : 이영식　　　재무부장 : 이병기

학무부장 : 신언갑　　　권업부장 : 최제윤

교통부장 : 오동진　　　참모부장 : 이천민

이러한 조직 외에 입법기관 형태의 중앙의회가 있어 각종 법률을 제정하여 입법화하였다. 이를 통해 통의부가 남만주 한인을 대상으로 자치활동을 펼치며 독립운동을 전개하기 위해 준국가적인 조직체계를 갖추었음을 알 수 있다. 이들 중앙조직의 근거지는 관전현寬甸縣 하루하下漏河였다.

통의부는 조국 독립을 위한 항일무장투쟁과 관할지역 한인을 대상으로 한 자치행정 실시 등 두 가지 활동을 동시에 전개하였다. 즉 조국 광복을 위한 군정활동과 민족의 생존을 위한 민정활동을 함께 실천한 독립운동 단체였던 것이다. 이러한 조직구성에서 양기탁은 통의부의 결성을 주도하였음에도 불구하고 특별한 직책을 맡지는 않았다. 한말부터의 투쟁경력이 월등하였고 당시 52세였던 그는 이미 원로로서 존경을 받고 있었으므로 통의부의 고문으로 활동하였다.

통의부는 군사활동을 위해 통의부 의용군을 조직하여 무장투쟁을 전개하였다. 김창환金昌煥을 사령관으로 5개 중대와 유격중대, 그리고 헌병대가 편성되었다. 의용군은 임무수행을 위해 중대별로 각각의 관할구역과 특수임무를 담당하고 있었다. 5개 중대와 예하 각 소대 그리고 유격대, 헌병대는 통의부 중앙본부가 있는 관전현 하루하를 비롯하여 통화·관전·임강·집안·환인·해룡·흥경현 등 여러 지역에 배치되었다. 통의부 의용군은 국내와 만주를 무대로 항일전을 펼치는 한편, 친일 주구배 처단에 주력하였다. 예컨대 1922년 12월 의용군은 북쪽의 장춘에서 남쪽의 대련에 이르기까지 이 지역 내의 친일파를 완전히 소탕하기 위해 3개 부대를 편성하여 각지에 파견하였다. 임무를 완수하지 못하면 죽음에 임하겠다는 서명까지 하고 출발한 파견대는 목숨을 건 전투를

통의부 의용군 훈련 광경

벌여 수많은 친일파를 처단하였다. 1924년 6월에는 일본 외무성 촉탁이었던 대표적인 친일파 최정규를 처단하기도 하였다.

또한 의용군은 국내 진공전을 통해 수많은 일제 식민통치기관을 습격하여 큰 전과를 올리기도 하였다. 1923년 6월 20일 의용군의 한부대가 신의주 고녕삭면의 영산주재소를 습격하였고, 또 다른 유격대는 동년 8월 청성진주재소 및 세관출장소, 우편국 등을 습격하여 큰 전과를 거두었다. 상해에서 간행되던 『독립신문』에 의하면 1924년 4월 24일부터 6월 29일까지 약 2개월간 통의부 의용군의 국내진공전만 29회가 전개되었다고 한다.

의용군이 이같이 활발한 무장투쟁을 전개할 수 있었던 것은 여러 독립군단이 통합되어 대병력을 보유하였을 뿐 아니라, 통합 이전 각지에서 활동한 독립군 병사들이 지리에 밝아 만주는 물론이고 국내 진입도 효과적으로 수행할 수 있었기 때문이었다. 또 통의부가 이주 한인을 대상으로 자치활동을 펼침으로써 한인들이 통의부를 지원하여 무력투쟁의 기반을 마련할 수 있었던 것도 큰 힘이 되었다.

의군부와 육군주만참의부의 분립

　통의부의 성립은 남만주지역 독립운동 단체의 통합이었으나 이에 통합한 각 단체의 인사들은 서로 이념과 생각이 다른 부분도 있었다. 대표적인 것이 공화주의를 주장하는 파와 복벽주의를 주장하는 파의 갈등이었다. 이는 통의부 성립에 큰 역할을 했던 양기탁에 대한 전덕원의 불만으로 표면화되기에 이르렀다. 전덕원은 한말 의병 출신으로 경술국치 후 만주로 넘어와 대한독립단의 간부로 활동한 인물이었다. 반면 양기탁은 통의부의 성립을 주도하였을 뿐 아니라 통의부 내 공화주의 계열의 정신적인 지주였다.

　이 같은 두 사람 사이에는 독립운동의 방략이나 이념상에 뚜렷한 차이가 있었다. 전덕원은 절대 복벽주의자였던 반면에 양기탁은 공화주의자였다. 더욱이 통의부 결성 후 공화계 인사들이 많은 요직을 담당하고 전덕원에게는 세력이 없는 참모부 부감이라는 직책을 줘서 불만이 많았다.

전덕원

이러한 전덕원계 인사들의 불만은 급기야 무력 충돌을 불러왔다. 1922년 10월 14일 관전현에 있던 양기탁 일행을 전덕원계의 독립군 병사들이 습격하여 선전국장인 김창의를 사살하고 양기탁을 비롯하여 현정경·고활신 등 주요간부를 포박하고 구타하는 사건이 일어났다. 이 사건 이후 통의부 내 복벽주의 계열과 공화주의 계열은 완전히 적대관계가 되었다. 그리하여 1923년 1월에는 홍묘자 방면에서 양측간의 대규모 유혈사태가 발생하였다. 이 일련의 동족상잔을 겪고 나자 공화계와 복벽계는 더욱 반목하게 되었다. 이에 전덕원을 비롯한 복벽주의계 인사들은 1923년 2월 통의부에서 분립하여 대한의군부라는 새로운 독립군단을 만들었다. 의군부는 유인석의 충의忠義 계승을 천명하고 융희 연호를 사용하는 등 의병의 복벽적 성격을 유지하였다.

이후 통의부와 의군부는 무력 충돌을 불사하면서 상대를 적대시하게 되었다. 이러한 상황을 타개하고자 통의부 의용군 제1중대장 채찬을 비롯한 박응백, 김원상 등이 1923년 말 상해의 대한민국임시정부를 방문하여 임시정부가 갈등 해결의 구심점이 되어줄 것을 요청하였다. 이 과정에서 1924년 4월 남만군인대표 78명이 선언서를 발표하고 통의부와 의군부 등의 독립군단들이 임시정부의 산하로 통일할 것을 주장했다. 그러나 복벽주의 계열의 의군부는 물론이고 통의부 역시 대한민국임시정부에 대해서는 부정적인 인식이 강했으므로 이들의 요구를 거부하였

육군주만참의부 대원

다. 그러자 같은 해 5월 선언서에 참여한 통의부 의용군 제1, 2, 3중대와 유격대 등이 통의부를 탈퇴하고 대한민국임시정부 산하의 육군주만참의부를 조직하였다. 육군주만참의부는 집안, 관전현 등 압록강 대안지역을 세력권으로 하고 있었으므로 통의부와 활동공간이 중복되었다. 더욱이 통의부에서 무장투쟁을 담당하던 의용군의 주요세력이 이탈하여 성립한 것이므로 통의부로서는 큰 타격이 아닐 수 없었고 통의부와 육군주만참의부 간에도 잦은 유혈충돌이 벌어졌다.

　의군부와 육군주만참의부의 분립 이후 통의부 중앙지휘부는 조직의 재정비와 각종 제도의 보완 및 군사력의 강화라는 시급한 당면과제를 해결하는데 노력을 기울였다. 즉 군사력 강화를 위해 군사자문기구인

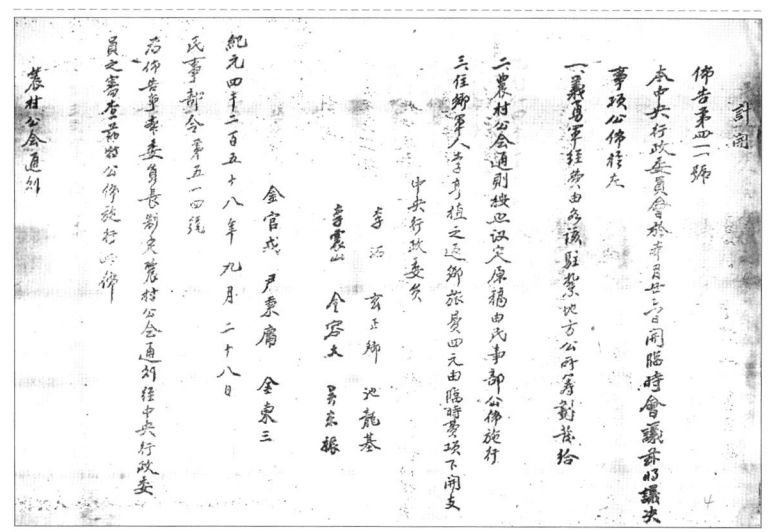

통의부 포고문(1925년 9월 28일)

군사참의회를 조직하고 장교양성소를 설치해 운영하였다. 재정 확충을 위해 관할 한인사회에서 5개년 계획으로 공동경작제를 실시하게 하고 직공·철공·목공 등 3개 공장을 설립하기 위해 3년간 기금을 마련할 계획도 추진하였다. 교육방안으로 소학교를 설치하고 노동강습소를 개설하여 청소년들에게 실생활에 필요한 기본지식을 교육하기로 하는 등 지역민의 생활안정과 군사력 강화에 힘을 기울였다.

국민대표회의 준비

대한민국임시정부의 초대 대통령인 이승만은 당선 이전 미국에 위임통치를 청원한 행적과 미국에 거주하며 임시정부 대통령으로서 직무에 충실하지 못하다는 이유로 내각을 비롯하여 의정원 등에서 1921년부터 불신임안이 거론되었다. 이 때문에 이승만은 1922년 국무총리 노백린에게 새로운 내각 구성을 위임하였다.

노백린

노백린의 조각안은 첫째 책임내각, 둘째 합립내각, 셋째 연립내각 방안이었다. 책임내각은 주로 종래의 각원 또는 각료로 하는 것이고 합립내각은 사회주의자인 김만겸·최창식·문창범 등을 가입시키는 것이며, 연립내각은 양기탁·장건상·유동열 등 간도·노령·북경의 각 파를 연합하는 것이었다. 노백린은 이러한 방안을 혼합하여 다음과 같은 새로운 내각을 구성하고자 했으나 대통령 이승만에 대한 민족운동가들의 반감 등으로 성사되지 못하였다.

외무총장 : 현　순	내무총장 : 조소앙
군무총장 : 유동열	교통총장 : 조성환
재무총장 : 이시영	법무총장 : 홍　진
학무총장 : 양기탁	노동총판 : 김만겸

이와 같은 조각 구상에 양기탁은 간도지역을 대표하여 학무총장으로 예정되어 있었다. 1921년 이미 임시정부의 대통령 설이 돌던 양기탁이었다. 이러한 그였으므로 1922년 중국에 망명한 지 얼마되지 않아 양기

탁은 이미 임시정부 각료 물망에 오르고 있었다. 이는 민족운동계에서 차지하는 양기탁의 위상을 단적으로 보여주는 예라 하겠다. 노백린에 반대하는 입장이었던 안창호 계열의 임시정부 구상에도 양기탁은 빠지지 않고 있다. 즉 안창호 계열은 정부와 의정원을 존속하되 성향이 다른 종래의 각원을 배척하고 새로이 양기탁·유동열·조성환 등을 각원으로 충당하자는 생각을 갖고 있었던 것이다.

 이 같은 임시정부 내부의 움직임과는 별도로 1921년 2월 상해지역 독립운동가 15명이 선언서를 발표하여 민족운동의 통일적 지도기관의 논의를 위한 국민대표회 개최 요구를 공론화하였다. 선언은 상해임시정부가 민족운동 세력들의 합의에 의해 조직되지 못했고 '정부'라는 조직과 제도가 갖는 형태상의 한계로 새로운 인물을 수용할 수 없는 구조라고 지적했다. 더욱이 임시정부는 내부 분열이 일어나 그 기능과 역할을 수행하지도 못하고, 임시의정원은 그 분열을 조정할 수 없는 상황에 있다고 파악하였다. 따라서 통일적 민족운동의 지도기관과 운동노선은 전체 민족운동가나 단체의 회합인 국민대표회에서 자결 즉 공결公決로 결정되어야 한다는 것이었다.

 서간도 민족운동 단체에서도 임시정부 개조에 대한 주장이 제기되었다. 곧 1921년 5월 액목현에서 서로군정서와 한족회의 주요 간부들인 여준·이탁·이진산·김동삼 등이 임시정부에 대한 결의서를 채택했다. 결의서에는 임시정부 개조와 위임통치 청원자인 이승만의 임시정부에서의 퇴거, 임시정부 부인 세력에 대한 반대를 명시하였다.

 국민대표회 소집 요구에 이어 1921년 5월부터 상해·북경·천진·남경·하와이 등 각 지역에서 국민대표회기성회가 조직되었고 그 연합조직으로 1921년 8월경 상해에서 국민대표회 주비위원회가 조직되었다. 자금 문제 등으로 지연되던 논의는 1922년 초반 국민대표회주비회가 재조직되고 본격적으로 개최준비가 이루어졌다. 주비회 선언서가 발표되고 각 지역으로 주비회 특파원이 파견되어 대표 소집에 들어갔다.

이러한 중국 관내지역의 움직임에 발맞추어 만주지역 독립운동계에서도 국민대표회 개최를 위한 준비모임이 결성되었다. 즉 1922년 5월 25일 봉천성 환인현에서 유지 인사들은 "과거와 현재의 모든 분규 문제를 해결하고 각방各方이 통일되어 금후의 독립운동을 가장 유효하고 신속하게 진행하는 방법은 오직 국민대표회를 속히 모임"에 있다는 취지 아래 국민대표회 남만촉성회를 조직하고 제1회 총회를 개최했다. 여기서 양기탁은 남만촉성회 회장에 선임되었다. 남만지역 독립운동 세력의 의견 조정에는 독자적인 독립운동 단체의 기반을 가지고 있지 않아 불편부당不偏不黨한 민족운동계의 원로인 양기탁이 적임이었을 것이다. 양기탁은 국민대표회 준비에 적극 나섰다. 우선 국민대표회 상해주비회에 국민대표회 개최를 위해 동일한 보조로 나아갈 것이라는 공함을 보내 중국 관내지역의 활동에 호응하였다.

1922년 6월 안창호가 남만주 관전에 거주하고 있던 양기탁을 찾아왔다. 임시정부의 개편을 목적으로 개최 예정인 국민대표회의의 준비문제를 양기탁과 협의하기 위함이었다. 국민대표회의에는 국내외의 많은 단체의 대표들이 참여하게 되었으나, 가장 중요한 세력은 만주지역의 독립운동 단체였다. 때문에 안창호는 남만주지역 독립운동 단체의 의견을 결집할 수 있는 인물로 전부터 뜻을 같이하던 양기탁을 찾은 것이다.

　남만촉성회는 회장인 양기탁의 사회로 8월 2일 제2회 회의를 개최하고 부회장 겸 경리 김승만, 서기 김원상, 주비위원 최석순·맹철호·함평관·문동승·이태익·임득산·박영우·김유성·김연준 등을 증선하였다. 남만촉성회 임시경비는 통군부·독립단·서로군정서·광복군총영·한교민단에서 120원을 내어 충당하기로 하였다. 남만촉성회는 국민대표회를 통한 독립운동계의 통일에 강한 의지를 표명하였다.

　　통일이 되면 생존하고 통일이 못되면 영멸할지라, 이 국민대표회는 우리 2천만 형제의 성력을 통합하야 장래 국가대계를 수립하려 하나니, 국가의 운명도 오직 이에 있고 민족의 사활도 오직 이에 있도다.

　이를 위해 각 구역별 인원을 배정하고 설문조사를 통해 국민대표회 개최 시 남만주지역 독립운동계의 의견 통일을 모색하였다. 설문조사의 내용은 최고기관은 어떤 인물과 방식으로 하며, 어디에 둘 것인지, 지방기관은 어떻게 조직할 것인지, 앞으로 독립운동의 방안을 어떻게 할 것인지, 군사시설을 비롯하여 외교·교육·식산 등은 어떻게 추진할 것인지 등이었다. 또한 흥경·통화·환인·집안·임강·관전·유하·목릉현과 개원·해룡 등으로 대표 선거구역을 나누고 인원을 배정하는 등 실질적인 준비를 추진하였다. 이러한 과정을 거쳐 1923년 1월부터 상해에서 개최된 국민대표회에 남만주지역의 대표를 파견하여 임시정부의 개조를 위해 활동하도록 하였다.

의성단을 조직하여 무장투쟁을 전개하다

1922년 10월 통의부 결성 이후 복벽주의계 인물들로부터 폭행을 당한 양기탁은 1923년 관전을 떠나 길림으로 이주하였다. 양기탁을 따라 통의부에 참여했던 편강렬 등의 청년 16~17명도 통의부를 탈퇴하였다.

편강렬은 한말 의병운동에도 참여하였다가 105인사건에 연루되어 옥고를 치른 후 황해도에서 의성단을 조직하였다. 그러나 다시 해주에서 체포되어 의성단은 와해되었고 8개월간 옥고를 치렀다. 그 후 만주로 망명하여 통의부에 가입해 양기탁을 추종하고 있었다.

양기탁과 편강렬은 1923년 8월경 새로이 의성단을 조직하였다. 간도·길림·북만 방면에는 각종의 단체가 조직되어 활동하고 있으나 남만주 철도 및 길림·장춘 철도 주변, 동지東支남부선 철도 일대에는 통일된 단체가 없었다. 따라서 의성단을 통해 이 지역에 거주하는 동포들을 통합하고 지방회를 조직하여 동포들의 구제기관으로 삼고자 하였다. 양기탁은 이를 위해 회덕현 오가둔 및 이통현 고유수孤楡樹 방면 동포 부락의 통일에 나섰다. 그리하여 의성단은 길장吉長·동지·남만 3개 철도의 중심지점으로서 교통 요지인 길장선의 잡륜에 본부를 두고 하얼빈 시 이남 길장 연선, 남만 연선 한인사회의 통일을 시도하였다.

의성단의 단장은 편강렬이었고 단원은 승진·곽도성·황윤호·박영대·백규형·김덕창·김연태·김선학·김의섭 등 수십 명이었다. 양기탁은 고문으로 추대되어 모든 활동의 방향을 지도하였다. 의성단은 단원이 많지는 않았으나 권총으로 무장하고 격렬한 의열투쟁을 전개하여 일제의 큰 경계 대상이 되었다. 이들은 강한 결속력과 목숨을 내어놓는다는 열혈의 각오로 활동에 임하였다. 다음과 같은 서약문誓約文과 계명誡命 및 강령을 보아도 단원들의 결의가 어떠하였는지를 알 수 있다.

서약문

- 무릇 우리 당원은 정의를 확고히 지키고 일신 전체로 하여 자신을 돌보지 않고 가족을 생각하지 않고 사당私黨을 만들거나 또는 범규範規를 위반하지 않는다.
- 국가를 위한 일은 희생적 정신으로 그 힘난을 당하고 몸은 홍모鴻毛와 같이 가벼이 하여 개인의 명예·영달·지위·권리를 고려하지 않는다.
- 민족을 위해서는 혈통관념을 떠나 그 우환을 만나면 일 개인의 수상受傷을 고려하지 않는다.
- 공동의 생명·재산·자유·평등의 보호에 힘써 자신을 위해서는 온순·공검恭儉하고, 사업상에는 자기적 심리를 떠나 위험한 경우에도 분투적 의기를 고무하자.
- 열혈의 동지를 이끌어 신성 견고한 단체를 만듦으로써 장래 국가대계의 기초에 공헌하자.

계명

공명정대·뇌락활발하여 촌음을 애석하게 여기고 근검 역행하여 사람을 사랑하는 것을 자신과 같이하고, 죽음을 기약하고 일에 임하여 두려워하지 않는다. 위험에 처해서도 물러서지 않으며 모험심을 배양하여 적기심을 함양한다.

강령

당원 동지는 생사 간고를 함께하여 장로·고덕^{高德}에 대해서는 그 교도^{教導}를 준수하여 민족을 위해서는 헌신적으로 하고 국가를 위해서는 적을 몰아낸다.

이러한 의성단이었으므로 활동의 목적도 다음과 같이 격렬한 의열투쟁에 두고 있다.

- 남만철도의 파괴
- 조선총독 및 관동장관의 암살
- 조선 내지^{內地} 관공서의 파괴
- 조선내 전도에 걸친 군자금 모집

이들은 이후 길림·장춘 일대에서 친일파 처단·군자금 모집·일제 관공서 습격 등 눈부신 활동을 전개하였다. 그중에서도 유명한 것은 장춘의 일본영사관을 습격하여 7시간에 걸치는 교전 끝에 적 60여 명의 사상자를 내었던 쾌거와, 봉천의 만철병원을 습격하여 많은 전과를 거두었던 활동이 있다.

총독부에서는 크게 당황하여 재만 일제 경찰력과 밀정들을 총동원하고 총독부 사무관이던 홍모를 특파하여 편강렬을 잡고자 하였다. 편강

편강렬(1910년대)

렬은 일본 영사관 담벽에 "아사홍생 我死洪生 아생홍사我生洪死"라는 벽보를 붙였다. 이것은 '홍가와 나와 죽기 아니면 살기 내기다'라는 뜻으로 그의 이러한 야유에 일제도 간담이 서늘할 지경이었다. 편강렬은 지략이 비범하고 대담무쌍하여 일제 군경이 10여 차례나 그를 포위하고 덮쳤으나 그 때마다 위기를 모면하곤 하였다. 1924년 3월에는 박일훈 등 10여 명의 단원들을 이끌고 장춘 성내로 들어가 군자금을 거두어 일제를 또 한 번 경동시켰다. 그 후에도 서로군정서·통의부 등과 상호 연락하며 더욱 적극적인 투쟁을 전개하던 중 아쉽게도 1924년 8월 일본 경찰에 체포되었다. 편강렬은 신의주로 압송되어 징역형을 받고 신의주감옥에서 옥고를 치르다가 척수염으로 보석되어 선천 의동병원에 입원하여 치료하였으나 차도가 없었다. 친지들이 시설이 구비된 일본인 병원으로 옮기기를 적극 권고하였으나, 죽어도 왜놈에게는 치료를 받지 않겠다고 완강히 거절하였다. 할 수 없이 길림으로 가던 도중에 안동현 적십자 병원에서 "나 죽거든 유골을 만주 땅에 묻어둘 것이요, 나라를 되찾기 전에는 고국으로 이장하지 말라"는 유언을 남기고 순국하니 향년 37세였고 때는 1928년 12월 6일이었다.

이같이 대담무쌍한 편강렬이 이끄는 의성단은 의열투쟁과 더불어 양기탁의 계획에 따라 남만주지역 독립운동 단체의 통합에도 솔선하여 나섰다. 당시 통의부 부원들 중 뜻을 달리하는 인사들이 탈퇴하여 복벽주의 계열의 의군부와 임시정부 소속의 육군주만참의부를 결성하여 각기 활동하고 있었다. 이들 단체와 통의부는 관할지역의 중복 등으로 무력 충돌하여 동족상잔의 비극마저 일어나고 있었다. 이러한 불필요한 충돌을 막고 항일역량을 극대화하기 위해서는 또다시 독립운동 단체의 대통합이 절실히 요구되었다. 양기탁은 의성단을 앞세워 남만주뿐 아니라 만주지역 전체 독립운동 단체의 통합을 추진하였다.

09 만주지역 독립운동계의 정신적인 지도자

동우회를 결성하여 산업과 교육을 장려하다

양기탁은 길림에서 임시의정원 의장을 역임한 손정도를 만났다. 손정도는 국민대표회 이후 상해에서 길림으로 이주하여 머물고 있었다. 의기투합한 양기탁과 손정도는 1924년 1월 재만 한인의 실력 양성을 위한 구심점이 될 단체로 동우회를 결성하였다. 회원으로는 왕삼덕·승진·백남준·고활신·오동진·현정경·김이대·윤덕보·김기백·최만영 등 통의부의 주요 인사들이 참여하였다. 동우회는 약장의 총칙 제2조에서 그 성립 목적을 밝혔다.

> 동우회는 고구려 유족의 생활향상을 기하기 위하여 고구려 정신이 철저한 남녀를 결합하여 그 기초를 견고하게 할 목적으로 산업을 진흥하고 교육을 장려하며 저축을 역행함.

즉 설립 당시 동우회는 사업 목적을 재만한인의 교육진흥과 경제자립을 도모하고 산업 및 저축을 장려하여 독립운동의 기금을 마련하는 것에 두었던 것이다. 이 같은 사업들은 만주가 무장투쟁의 총본산이 되기 위해 가장 먼저 실행되어야 할 일들이었다. 하지만 1910년 망국 전후부터 독립운동기지로 개발되기 시작한 서북간도를 비롯한 남북만주는 무장투쟁 면에서는 성과를 올렸지만 독립군들의 활동을 보다 원활히 받쳐줄 이주한인들의 경제적 토대를 구축하는 것은 아직도 미흡하였다. 따라서 동우회는 그 같은 면을 실천하고자 한 것이었다.

손정도

동우회는 이를 실천할 기구로 길림성 성에는 중앙부를 설치하고, 주변의 이주 한인이 거주하는 촌락에는 지방부를 설치하였다. 중앙부에는 총재 1인과 총무 1인 및 중요사항을 의결하고 처리할 이사를 두었다. 지방부에도 총무 1인과 이사 몇 명을 두었다.

그런데 동우회를 설립한 주도인물인 양기탁과 손정도 등은 1924년 중반부터 남만지역 독립군단의 통합운동에 적극 가담하여 활동하였다. 그 결과 1924년 11월 24일 자치와 항일활동을 동시에 담당할 군정부인 정의부를 성립시켰다. 정의부가 성립되자 양기탁 등 동우회의 주요 인물들도 정의부에 가담하여 활동하게 되었다. 동우회의 주요 사업이었던 교육진흥과 산업 장려도 자연히 정의부로 이관하여 실행되었고 동우회는 유명무실해졌다. 동우회는 정의부에 가담한 8개 단체와 마찬가지로 정의부에 흡수된 형국이 되었고 처음의 사업방향을 변경하여 정의부의 활동에 일조하는 직계단체로 기능했다. 동우회는 『동우』라는 기관잡지를 통해 정의부의 이념을 선전하고 재만 독립운동의 진로를 제시하는 한편 일제의 정치·경제·군사적인 면의 실체를 분석해 내는 언론활동을 펼쳤던 것이다.

『동우』는 정의부 성립을 위한 통합운동이 일기 시작한 1924년 6월부터 발간되었다. 동우회 창립 인사들은 동우회 창립 1개월 전인 1924년 1월에 『야고野皷』라는 잡지를 발간하였는데 동우회가 설립된 후 『야고』를 폐간하고 『동우』를 간행하였다. 『야고』와 초기 『동우』는 이주한인의 교육진흥·산업장려·저축권장 등을 다루었다. 그러나 잡지발간을 위해 동우사를 설립하여 양기탁이 사장을 맡고 박기백이 주간, 손정도 외 14명의 이사가 선임되어 체제를 정비하고 난 후부터 『동우』의 논조는 완전히 달라졌다. 1925년 4~5월경부터 『동우』의 기사는 한국의 독립을 위한 이념문제, 일제의 중국 침략을 다양하게 분석한 논문조의 기사 등 항일에 관한 것이나, 일제의 침략성을 고발하는 내용이 주를 이루었다.

동우회의 주요 임무가 언론활동으로 한정되고 이를 책임질 기관과 인물이 구성되자 동우회는 그 존재 자체가 무의미해졌다. 이에 따라 동우회는 1925년 중반경 해체되었다.

동우사가 조직되고 난 뒤 『동우』는 재만 한인사회를 선도하고 이끌어 갈 시사언론지의 구실을 하기 시작하였다. 일본 제국주의의 이면 및 항일활동과 관련된 주제를 심도 있게 분석하여 게재하였다. 한국과 중국 민족이 일제에게 공통으로 당하고 있는 문제와 일본 제국주의자들이 한국에 이어 중국을 식민지화하기 위해 경제·문화·언론 등의 방면에서 침략해 오고 있는 실상을 보도하였다. 또 그 같은 침략상을 은폐하기 위해 일제가 재만 한인과 중국인들을 이간하는 문제 등을 예를 들어가면서 정밀히 분석하였다. 다른 재만 독립운동 단체의 기관 언론이 대체로 이주한인을 대상으로 한 민족운동지였던 반면 『동우』는 한중 양 민족 모두를 대상으로 하여 일제의 침략상을 폭로하여 느슨해진 민족의식을 일깨웠다.

이와 같은 활동을 펼치던 『동우』는 1927년 2월 1일부터 『계몽』으로 명칭을 바꾸었다. 그 이유는 잡지의 주제를 더 확장하여 이주 한인의 실생활에 직접적으로 도움을 주기 위해서였다. 그간 『동우』는 시사나 정치적인 내용이 주를 이루었으나, 잡지의 이름을 바꾸고 실업·경제·교육·문예 등 전반적인 문제를 포괄적으로 다루는 간행물을 발간하고자 했던 것이다. 이주 한인 중에는 문맹자도 많았고 지식이 얕은 자들도 많았다. 그래서 이주 한인들에게 좀 더 실용적인 내용을 전달하고자 잡지 이름을 『계몽』으로 바꾸고 실생활과 연결된 내용들을 게재하였다.

남만주 최대의 군정부인 정의부 결성을 주도하다

통의부가 결성된지 얼마되지 않아 임시정부가 있는 상해에서는 1923년 1월부터 모든 독립운동 세력을 결집하기 위한 국민대표회의가 개최되었다. 통의부의 총장인 김동삼을 의장으로 하고 안창호와 윤해를 부

의장으로 하여 개최된 국민대표회의는 독립운동사상 가장 큰 회의였다. 국내를 비롯하여 미주·상해·만주·러시아 등 각 지역에서 120여 명의 대표자가 참석하였다. 그러나 회의는 임시정부를 개조하여 계속 존속시키느냐 아니면 이를 폐지하고 새로운 정부를 창조하느냐 하는 문제로 서로 대립하여 결렬되었다. 두 파가 심하게 대립하자 의장인 김동삼을 비롯한 김형식, 이진산 등 재만 독립군 대표들은 1923년 5월 15일 대표 사면 청원서를 제출하고 만주로 돌아가고 말았다.

국민대표회의가 개최되고 있을 시기 통의부는 전덕원 계열이 의군부를 조직해 이탈하고, 또 다른 일부 세력이 지도층의 노선에 불만을 품고 이탈하려는 움직임을 보이고 있었다. 따라서 통의부 지도층은 국민대표회의의 합의에 의해 조직 내의 결속을 확고히 하고, 이탈한 세력도 다시 포용하여 끌어들이려는 생각을 가졌다. 그러나 국민대표회의가 무산됨으로써 그들의 계획도 실천할 수 없게 되었다.

이에 남만주의 독립군 지도자들은 그들 스스로 독립군 세력을 결집하고자 노력하였다. 1923년 11월에는 북간도 소수분하小綏芬河에서 통의부 총재 김동삼을 비롯하여 서로군정서 독판 이상룡, 북로군정서 사령관 김좌진과 김규식·윤세복 등이 소수분군사연합회의를 개최하여 통합문제를 논의하였다. 양기탁은 이때 회덕현 오가둔의 한인 농장에서 수전사업 경영을 위한 호구 및 자금 등의 사전조사를 실시하는 한편 북로군정서 사령관 김좌진 등 각 단체의 지도자들과 긴밀한 연락을 취하며 회의를 준비하였다. 양기탁은 오가둔을 기반으로 하여 남북 만주를 연결하는 교통의 요지인 장춘에 연락기관을 설치할 것을 계획하기도 하였다.

이뿐만 아니라 독립운동 지도자들은 화전현회의·액목현흑석둔회의 등을 개최하여 지속적으로 통일문제를 논의하였다. 그러나 이 일련의 회의 또한 별다른 성과를 거두지 못하였다. 이렇듯 통합논의가 답보상태에 있자 양기탁은 독립운동 단체의 분열에 큰 우려를 가지고 있었으므로 단일단체의 결성에 적극 나섰다.

양기탁은 임시정부를 새로 만들자는 창조파에 속했던 신숙·윤해 등과 접촉을 갖고 독립군의 통합방안을 논의하였다. 이들은 일단 만주의 독립군을 하나로 통합한 후 대규모의 토지를 매입하여 둔전병제를 실시해 산업을 일으키면서 군사를 육성하자는 실력양성에 뜻을 모았다. 양기탁이 창조파의 신숙·윤해 등과 접촉한 것은 이들을 통해 독립운동 단체의 통합운동에 필요한 자금을 지원받기 위함이었다. 그러나 창조파 측으로부터 자금지원이 불가능하자 더 이상 이들과 연계하여 활동하지는 않았다. 통일운동에 필요한 자금은 양기탁이 지도하는 의성단을 통해 마련되었다.

양기탁은 먼저 1924년 1월 중순 길림에서 남만통일발기주비회를 소집하였다. 이 회합에는 오덕림·손일민·김정제 등을 비롯하여 각 단체 소속 인사 30여 명이 참가하였다. 이들은 출석자 전원을 통일회 조직의 교섭위원으로 각 단체에 파견하였다.

이어서 양기탁은 남만주지역 독립군 지도자들인 이장녕·지청천·손일민 등을 설득하여 1924년 3월 하순 전만통일회의 주비회를 결성하였다. 전만통일회의 주비회는 이장녕을 회장으로 선출하고 성립 이후 약 4개월간 각 단의 통합을 위해 노력하였다. 그 결과 이들의 의견에 찬성한 각 단체의 대표들이 1924년 7월 10일 길림에 모여 전만통일회의 주비발기회를 개최하였다. 이 회에 참가한 각 단체 및 대표들은 다음과 같다.

      군정서 대표 : 이진산·이광민
      길림주민회 대표 : 이욱(이규동)
      대한광정단 대표 : 김호·윤덕보
      대한독립군 대표 : 이장녕
      대한독립군단 대표 : 윤각·박성준
      대한통의부 대표 : 김기전·이종건
      노동친목회 대표 : 최명수·장상우
      의성단 대표 : 승진

  대표들은 과거의 독립운동은 국부적이었기에 큰 성공을 거두지 못하였다는 반성과 차제에는 만주만이라도 세력을 통일해 효율적인 운동을 펼치자는 내용의 발기문을 작성해 선포하였다.
  이 같은 통합 시도가 가능할 수 있었던 것은 만주지역 독립운동의 원로로 자리 잡은 양기탁의 지도력이 큰 역할을 하였다. 이는 양기탁과 함께 의성단을 조직하여 활동하다 일본 경찰에 체포된 편강렬이 심문과정에서 진술한 다음과 같은 내용을 통해서도 확인된다. 편강렬은 양기탁을 '양기탁 선생'이라고 호칭하며 각별한 존경을 보이고 있다.

대개 이들의 우이牛耳를 잡은 양기탁의 아래에서 통일회가 진행되었으므로 각 단의 단장이 집합하게 되었는데, …… 선생이 나(편강렬)나 동림의 주의에 공명하여 왔으므로 나나 동림의 주장에 대해 각 단의 대표자들도 크게 반대하지는 않았다. 재산통일·군민문제를 주장할 때 군민문제에 대해서는 바로 찬성하였다. 그러나 재산통일에 대해서는 거의 찬성하는 자가 없었다. 이것도 양 선생의 주선에 의해 겨우 통일하는 것으로 결정되었다.

또 편강렬은 각 단체간의 연락 방법에 대해서도 다음과 같이 진술하였다.

단과 단과의 연락은 미리 어떤 방법도 강구되어 있지 않으나 단장 간에는 끊이지 않고 문서 기타에 의해 빠른 연락을 도모하여 동일행동을 필요로 하는 경우에는 차질이 오지 않게 항상 독립단 전부의 우이인 양기탁 선생이 안배하고 있다.

이를 통해서도 남만주지역 독립운동계의 정신적 지도자인 양기탁이 전만통일회 결성의 중심축으로 역할 하였음을 알 수 있다. 또 편강렬이 의성단의 의열투쟁을 통해 모금한 600원을 제공하여 필요한 경비를 충당할 수 있었다. 전만통일회 발기회를 개최하고 난 뒤 각 단체의 대표들은 1924년 10월 18일 위 8개 단체 외에 잡륜자치회·고본계·학우회 등 3개 단체를 더 참가시켜 본 회의를 개최하였다. 11개 단체 대표들은 회

'의 의장으로 통의부 대표인 김동삼을 선출하고 새로운 독립군단의 명칭과 이후 결성될 단체의 운영방식 등에 대해 논의하였다. 대표들은 우선 다음과 같은 세 가지 사항을 결정하였다.

- 지방자치를 위해 무장대를 둔다.
- 관할구역은 당분간 하얼빈·액목·북간도의 선을 그어 그 이남의 만주 전부를 포옹한다.
- 유지비로 매호 연액 6원과 별도로 소득세를 부과한다.

이어서 분과위원을 선임하여 논의를 계속하였다. 그러나 회의가 진행되는 동안 임시정부에 대한 입장과 단체 명칭 문제 등의 이견으로 대한독립군과 학우회는 탈퇴하였다. 결국 대한통의부·대한광정단·서로군정서·길림주민회·노동친목회·의성단·잡륜자치회·고본계 등 8개 단체가 통합하기로 결정하였다. 이들 단체는 1924년 11월 24일 경제·산업·교육에 힘쓰고 광복사업에 일로매진하기 위해 대동통일한다는 선언서와 다음과 같은 선서문을 발표하고 정의부를 결성하였다.

선서문

오등吾等은 민족의 사명을 수受하고 시대의 요구에 응應하여 통일적 정신 하에서 정의부를 조직하고 아래의 공약에 따라 광복대업을 완성하기까지 노력하기로 자玆에 선서함.

공약

- 철저한 독립정신하에 운동의 정궤正軌를 완전히 정定하기로 한다.
- 주만駐滿 체 오인吾人 의사를 기본으로 한 조직체의 그 행위는 오직 주만 체 오인 복리를 위하여 실지운동實地運動에 적합하도록 할 뿐이오, 기타 허위적 신성神聖을 허許치 않기로 한다.
- 운동의 전위前衛 인물은 현시現時 환경을 초광하여 희생적 의무로 시국정돈時局整頓의 책策을 짓기로 한다.
- 운동의 방침은 소극·적극을 병진하되 적극적인 면에 힘써 충분한 실력을 양성하기로 한다.

선서문의 발표와 함께 전만통일회는 제도와 헌장, 그리고 임시행정집행위원회 설치 등을 내용으로 한 결의문으로 발표하였다. 이러한 준비를 거쳐 1925년 3월 초에 구성된 최초의 중앙조직의 직제는 다음과 같았다.

    중앙행정위원장 : 이탁
    중앙행정위원 : 현정경·지용기·이진산·김용대·김이대·윤병용·
        오동진·김동삼
    간정원幹政院 비서장 : 김원식
    중앙심판원장 : 김응섭
    사령부 부관 : 김창헌
    민사위원장 : 현정경

군사위원장 : 지용기

법무위원장 : 이진산

학무위원장 : 김용대

재무위원장 : 김이대

교통위원장 : 윤병용

생계위원장 : 오동진

외무위원장 : 김동삼

정의부의 중앙조직 중 행정 및 사법과 관련된 부서는 이같이 12개의 부서로 구성되었다. 여기에 입법기관인 중앙의회가 있어 삼권분립 형태의 조직을 갖추었다. 정의부는 남만주의 한인사회를 관할하였는데 환인·유하·통하·관전·흥경·해룡·흥경·장백·임강현 등이었고 15,300여 호에 76,800여 명의 이주 한인이 거주하였다. 정의부는 이들 한인사회의 각 지역을 나누어 총관을 설치하고 그 하부를 더욱 작은 단위로 나누어 지방, 구區 등을 조직하였다. 1926년 말경 정의부는 15개 지방과 153개 구를 가지는 지방조직을 형성하고 있었다.

정의부는 1910년대 이후 남만지역에 조직되었던 주요한 독립군 조직의 통합체였다. 대한독립단·대한광복군영·대한광복군총영·평북독판부 등 여러 독립군단들이 통합한 통의부는 주로 유하·관전현 등 남만의 서쪽지역에 근거지를 구축하고 있었다. 또 광정단은 1922년 4월 대한독립군비단·흥업단·대진단·태극단·광복단 등이 통합된 군단으로서 이들 독립군 단체는 남만의 동쪽지역인 장백현을 중심으로 활동하던

정의부 통신연락소가 있었던 곳(관전현 모전자향)

군단이었다. 서로군정서는 1910년대 독립군 기지개척의 방안으로 조직된 경학사·부민단의 전통을 이어받은 군사조직이었다. 따라서 이러한 단체들이 참여하여 결성된 정의부는 남만 동서지역의 대표적인 군사단체들을 망라한 최고의 독립군단이었다. 그리고 남만지역 한인들의 자치를 위한 민정民政과 항일군사활동의 군정軍政을 동시에 추진한 군정부軍政府의 성격을 지녔다.

정의부의 중앙조직은 얼마 후 새로운 직책이 추가되거나 명칭이 바뀌었다. 선전위원장이란 직책이 추가되고 양기탁·김창환·양규열·문병무 등을 재무위원에 선임하였다. 양기탁이나 김창환, 양규열과 같이 독립운동계 중진들을 재무위원에 선임하여 이들의 힘으로 재정기반을 확고하게 하고자 했던 것이다.

정의부는 초기에는 교민들의 생활안정을 위한 민정에 주력하였으나 군사활동도 소홀히 하지 않았다. 군민대표회 이후인 1926년 말경의 군사편제는 다음과 같다.

사령장 : 오동진

제1중대장 : 이태형	소대장 : 양세봉, 김동훈, 김을룡
제2중대장 : 장철호	소대장 : 오상은, 황군삼
제3중대장 : 문학빈	소대장 : 최상엽, 김형명
제4중대장 : 이규성	소대장 : 이영근, 백윤반
제5중대장 : 김석하	소대장 : 주하범
제6중대장 : 안홍	소대장 : 조화선, 최석용

정의부 의용군은 국내진공전을 비롯하여 만주지역 내 친일파 처단 등 활발한 항일무장투쟁을 전개하였다. 1925년 3월에는 의용군 5명이 유격대를 조직하고 평북 초산에 진입하여 군자금을 모집한 후 박천에서 일본 경찰과 교전 끝에 1명이 전사, 2명이 체포되었다. 1926년 3월에는 김문영 등의 모연대원들이 중국 장춘에서 군자금을 모금한 후 일본 경찰과 접전을 벌이다가 체포되었다. 1927년 4월에는 의용군 중대장 이웅이 대원들과 함께 장춘에서 친일 밀정을 처단하였다. 또 같은 해 박태주 등의 의용군 국내 진입대가 평북에서 군자금을 모집한 후 경북까지 진출하여 활동하기도 하였다. 1927년 8월에는 의용군 유격대가 평북 의주 인근의 천마산에 근거지를 구축하고 금융조합을 습격하여 군자금

정의부 활동 보도기사 『동아일보』 1927년 7월 26일

정의부 활동 보도기사 『동아일보』 1927년 8월 22일

을 모집하고 일본 경찰과 치열한 전투를 벌였다. 이 외에도 정의부 의용군은 수십차례의 국내진공전을 추진하는 등 활발한 무장투쟁을 전개하였다.

정의부는 관할민의 결속과 단결을 위해 언론활동에도 주목하였다. 『정의부 공보』·『중앙통신』·『대동민보』·『전우』·『신화민보』 등을 간행하였는데 양기탁은 정의부의 이러한 언론활동에도 주도적으로 참여하였다. 『정의부 공보』는 정의부의 관보로 간정원이 발간해 배포하였다. 따라서 여기에는 포고나 각종 규정에 관한 것이 실렸다. 『중앙통신』은 월간으로 발행된 통신문으로 중앙조직에서 관할지역 내의 각 지방과 독립구 및 의용군 중대의 보고를 받아 이를 종합해 다시 각 하부기관에 통신문으로 알린 것이다. 한글신문인 『대동민보』는 1926년 9월 중앙조직 내에 대동민보사라는 인쇄소를 설립하여 박범조가 편집 주간이 되어 발간하였다. 이 신문은 민중을 교양시키고, 혁명의 기본 주체인 민중의 의식을 통일시킬 목적으로 발간되었다. 양기탁은 일간지로서 민중을 교화시키는 데 큰 기여를 한 『대동민보』의 발간을 주도하였다. 일제 정보 보고서에도 대동민보 간행에 양기탁과 고활신이 참여하고 있음이 나타나고 있다. 『전우』는 정의부의 간부인 김이대·박범조·김탁 등이 책임사원이 되어 발간한 월간 잡지였다. 이 매체는 정의부 조직원은 물론이고 관할지역 내 한인의 혁명의식 고취와 투쟁력의 강화를 목적으로 발간되었다. 순중국문인 『신화민보』는 중국 관민에게 배일사상을 선전하고 삼시협정 체결 후 극심히 탄압해 오는 중국 측을 회유하고 설득시킬 목적으로 간행된 신문이다.

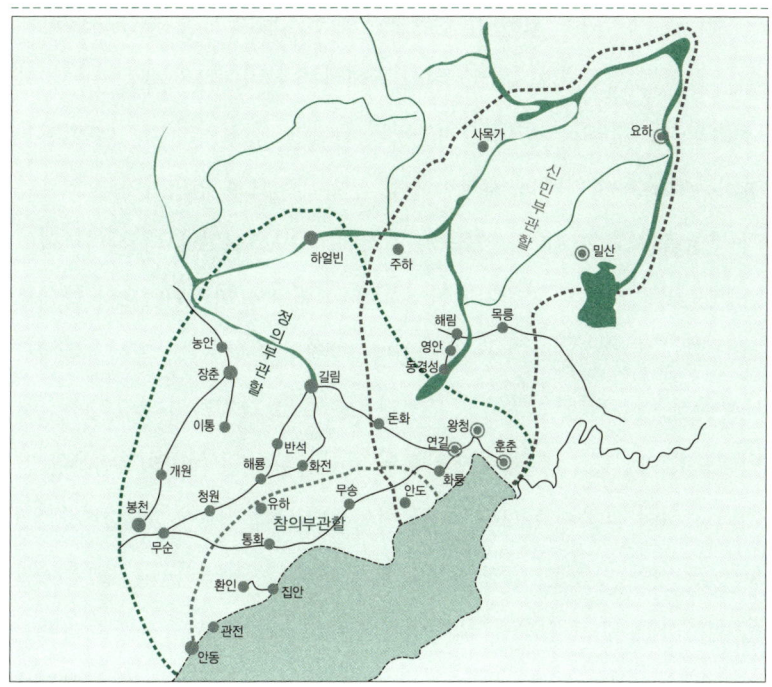

정의부 · 참의부 · 신민부 관할도

양기탁은 정의부 성립의 주역이었으나 주요 직책을 맡지 않고 최고 고문으로 활동하였다. 한때는 재무위원에 선임되어 정의부의 재정 지원을 위해 노력하기도 했으나, 그는 앞에 나서지 않고 독립운동계의 원로로서 주로 독립운동 단체간의 교섭과 조정의 역할을 맡았다.

정의부는 성립 이후 통의부에서 분리된 참의부와의 통합에 나섰다. 참의부는 정의부만큼 교민 자치에 치중하지는 않았으나, 강력한 군사조직을 바탕으로 국내 진공전을 펼치는 등 압록강 연안을 근거지로 활발한 활동을 계속하고 있었다. 정의부가 남만지역의 모든 독립운동 단체를 포괄하는 최고 통합기구가 되기 위해서는 참의부와의 결합이 무엇보다 필요하였다. 이를 위해 참의부와의 협상에 나선 이가 양기탁이었다. 정의부에서는 양기탁과 지청천 등을 권유위원으로 임명하여 참의부와의 통합을 시도하였다. 양기탁과 지청천은 1925년 초부터 참의부와의 협상을 위해 참의부 관할지역인 유하현 삼원보에 파견되었으나 참의부 측의 완강한 반대로 어려움을 겪었다. 마침 같은 해 4월 임시정부에서 내무총장 이유필과 법무총장 오영선을 만주로 파견하였다. 1923년 국민대표회의 결렬 이후 세력이 약화된 임시정부는 만주지역 독립운동 단체의 지원이 절실하였으므로 이를 협의하기 위해 이들을 파견한 것이었다. 양기탁은 이유필·오영선 등과 함께 참의부 측 인사들을 만나 통합을 설득하였다. 그 결과 원래 창립 당시부터 임시정부 지지를 표방했던 참의부는 정의부에 통합하는 것으로 의견을 모아갔다. 그러나 참의부와 정의부는 임시정부 지지 여부에 대한 단체 간 이견으로 끝내 통합을 이루지는 못하였다. 통의부 이래 임시정부 부정의 입장을 견지했던 정의부와 임시정부 산하 군사조직을 자임한 참의부가 임시정부에 대한 입장차이를 좁히지 못했기 때문이었다. 그러나 정의부와 참의부의 통합을 위한 이러한 노력으로 인해 두 단체 간의 알력은 상당히 해소될 수 있었고, 이후 3부 통합운동을 거쳐 국민부를 결성할 수 있는 기반이 형성되었던 것이다.

    양기탁은 또한 북만주지역 독립운동 단체와의 협의를 통해 만주지역 전체를 망라하는 거대한 통일조직의 결성을 추구하였다. 그리하여 임시정부에서 파견된 이유필 등과 협의를 거쳐 정의부와 신민부 주요 지도자들의 연석 회의를 준비하였다. 마침내 1925년 5월 25일 유하현 삼원보에서 정의부 측에서 이탁·현정경·지청천·오동진·김동삼·김응섭·김이대·김원식, 신민부 측에서 김좌진·이영백·박두희·현천묵·최문일·이장헌, 그리고 임시정부 측의 이유필 일행과 양기탁이 모여 통합방안을 논의하였다. 이 회의에서 신민부는 상해임시정부 참여를 찬성하고 연호도 이후로 대한을 사용할 것 등을 제의하였으나 정의부 측에서는 임시정부는 실제적인 독립운동의 중추기관으로 역할을 하지 못한다는 이유로 참여를 거부하여 합일점을 찾지는 못했다. 임시정부 측의 이유필은 임시정부의 실권을 정의부에 이관하는 안을 제시하기도 하였다. 7월 4일에는 정의부 민사위원장 현정경, 외무위원장 김동삼을 비롯하여 배열택·김원식 등이 정의부와 신민부의 통합을 위해 길림에 와서 양기탁과 지청천·윤목산 등과 그 방안을 협의하였다.

마침내 7월 28일부터 유하현 삼원포에서 개회된 정의부 중앙총회에서는 임시정부를 만주로 이전한다는 것을 전제로 상해임시정부에 참여할 것을 의결하였다. 김이대·고활신 등 3명이 내각 개조 활동을 위해 8월 2일 봉천을 거쳐 상해로 갔다.

이 같은 논의에서 양기탁은 각 독립운동 단체 지도자들의 거중 조정을 맡은 것으로 보인다. 이는 신민부와의 타협위원에 임명된 지청천이 양기탁과 타협방침 등을 계속 협의하고 있었고 임시정부에서 파견된 이유필 등도 양기탁을 매개로 하여 정의부·신민부와 타협을 시도하고 있었던 것에서도 알 수 있다. 양기탁이 만주지역 독립운동계의 신망있는 원로로서 여러 지도급 인사들의 존경을 받고 있었기 때문에 가능한 일이었다.

농장 건설을 통해 동포들의 생활향상을 꾀하다

재만 동포들의 생활안정을 위한 식산殖産사업은 독립운동에서 가장 중요한 것이었다. 정의부의 결성 초기 주도인사들이 가장 주력한 것도 바로 동포들의 생활안정을 통한 자립사회의 건설이었다. 정의부 지도층들은 재만 한인은 물론이고 국내의 동포들도 극심한 기아에 허덕이다가 결국 독립운동은 고사하고 민족 자체가 파멸될 것을 염려하였다. 따라서 이들은 대단위의 국외 자립사회를 건설하여 의식주를 해결하면서 항일운동을 펼치고자 하였다. 즉 한인사회의 산업진흥을 이루는 일이 바로 광복사업의 근본이라고 생각했던 것이다.

특히 양기탁은 한말 신민회 시절부터 독립운동기지 개척을 추진하면서 식산산업의 중요성을 잘 알고 있었다. 양기탁은 1920년 국내에 있을 때에도 기자의 물음에 다음과 같이 답하였다.

식산산업이 일대 급무인 동시에 우리 지인知人 간에서도 이 식산흥업을 우선 역설함을 희망합니다. 우리 지인들이 흔히 만사에 분주하지만 그 성공의 난難함은 대개 경제의 결핍이 그 대원인이니 경제력이 부족하고는 인생의 직분을 완전히 실행할 수 없는 것이 사실이라. 우리 인사 중에는 흔히 경제관념이 냉각하야 다만 정사政事 도덕 등 방면에 열심하라 하나 차는 정폐이 아니라 저 서양인사를 보면 대개 그렇지 아니하나니 저들은 흔히 경제에 면밀하야 생활난이 없도록 만들고 그로 인하야 사업에 전력하여 성공을 득하는 것이라, 우리가 너무 경제관념에 등한함은 실로 득책이 아닙니다. 그러므로 나도 할 수 있는 대로 실업사회를 성립하랴 하나이다.

남만주에는 압록강으로 흘러들어 가는 혼하와 소자하·부이하·태자하·거류하 등 하천이 많았다. 그 같은 입지조건 때문에 이들 지역에서는 우리 민족운동자들에 의해서도 대단위 수전농장 건설계획이 추진되었다.

이주 한인의 생활향상에 늘 노심초사하던 양기탁도 이 지역에 '이상적 농촌건설'을 계획하였다. 만주의 농업 중심지대 여러 곳과 두만·압록·송화·오소리·흑룡강 등 5대 강 유역, 그리고 장백·소백산 등 부근에 한인을 위한 대규모 집단 농촌을 건설한다는 계획이었다. 이들 지역 중 거주지 및 농사가 될만한 평지를 선택하여 촌락을 설치하는데 1개 촌락은 200가족이 거주할 수 있는 규모로 설정되었다. 이 촌락에는 공동 농장과 간이창고·소비조합·공동식당·공회당·의원·소학교·잡지사·정미소 등 공동기관을 설치하고 각 가정에서는 가장과 그 배우자 두 명이 차출되어 의무적으로 모든 공동 업무에 참여하도록 하였다. 즉 각 가정에서 차출된 총계 400여 명이 공동 농장을 조성해 농사를 짓고, 기타 마을의 모든 업무를 공동으로 하며 생활하자는 것이었다. 한마디로 수전농장을 중심으로 하여 하나의 집단사회를 세울 계획이었던 것이다.

　이를 위해 1923년 11월 양기탁은 회덕현 오가둔 한인농장에 들어와 이주 한인 자제의 교육과 생활안정책으로 수전사업을 경영하여 농민을 유치하고 인두세를 부가하는 일을 추진하였다. 조사원을 각지에 밀파하여 이주 한인의 호구를 조사하고 동시에 자금도 조사토록 하였다. 양기탁은 이때 1920년 국내에서 자신이 창시한 통천교를 이용하였는데 오가둔에서 통천교 목사로 활동하였던 것이다. 양기탁은 이주 한인들에게 통천교는 말 그대로 스스로 마음을 하늘에 통하면 심신이 모두 안정되기에 이르고 그 안정을 얻으려면 먼저 애국의 백성이 되지 않으면 안 된다고 하여 농민들에게 독립단 또는 모국부흥사업에 가맹할 것을 선전하였다. 이렇듯 양기탁에게는 종교조차 독립운동의 방편이었던 것이다.

　한편 안창호 역시 한인들의 생활안정과 독립운동 근거지 마련을 위해 내몽고지역의 토지매입을 추진하고 있었는데 1924년 1월 양기탁은 안창호와 연락하며 만주지역의 토지매입 가능성을 모색하고 있었다. 그러나 안타깝게도 약 25만 원이 필요한 이 계획은 자금을 마련하지 못해 세부적인 실천에까지 이르지는 못하였다. 내몽고지역 토지매수와 농장 건설의 자금 마련을 위해 김창숙은 국내에 잠입하여 유림들을 중심으로 자금모집활동을 벌였다. 당시 국내의 유림들도 김창숙의 활동을 지원하다가 체포되어 고초를 겪기도 하였는데, 이를 세칭 '제2차 유림단 사건'이라고 한다. 일시적으로 거금이 필요한 이 계획이 어렵게 되자 양기탁은 주식회사 형태의 만주농업사 설립을 추진하였다. 양기탁은 뜻을 같이하는 손정도·배형식·곽종육·최일·오덕림·고활신·전이덕·최만영 등과 함께 1924년 12월 다음과 같이 「만주농업사 취지서」를 발표하고 각자의 힘을 모을 것을 요청하였다.

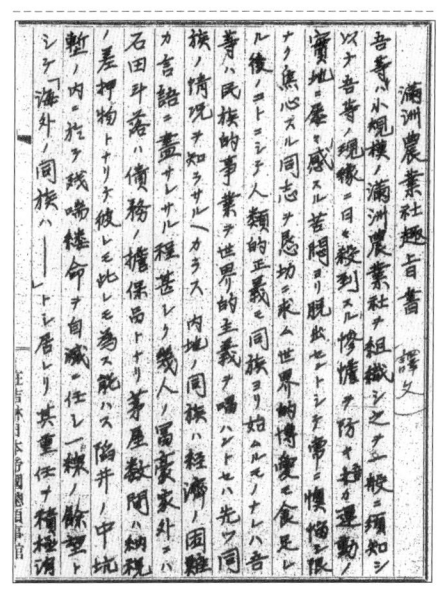

일제 정보 보고서에 수록된 「만주농업사 취지서」의 일본어 번역문

…… 만주의 동포 또한 어쩔 수 없는 삶을 영위하며, 금년에는 동쪽 계곡에서 돌밭을 경작하고, 이듬해에는 서쪽 계곡에서 들판을 개간하지만 지주에게 돌려주어야 할 소작료도 부족하여 공복을 채울 방도도 없고, 헐벗은 몸을 가릴 계책도 없이 노인은 병상에서 고국을 그리고, 어린아이는 기아를 호소하고 있다. …… 대중의 힘을 모으면 능히 산도 옮길 수 있고, 지성이면 돌도 능히 뚫을 수 있다. 이에 뜻을 정하여 규칙을 초안한다. 유독 만주는 비옥한 토지가 풍부한데다 사람은 부족하니 개척하기가 유망한 최적지이므로 만주농업사를 조직한다. 이는 미주·내지內地·만주를 논하지 않았던 선각자 선배들의 마음을 하나로 만든 결정체인 것으로 만주에서 농업을 경영하여 동족의 참담한 현상을 점차 구제하면 우리 동족은 낙원에서 노래를 부르며 더 나아가 세계의 사업을 경영하기에 이를 것이다. 이것은 진실로 민족적 사업인 것이며,

나아가 세계적 주의主義이다. 형제자매여 동족을 사랑한다면 장래의 행복을 희망한다면 힘과 성誠을 합하자.

만주농업사 또한 대규모 수전 농장을 건설할 계획이었는데 그 경영방식은 다음과 같았다.

만주농업사에 출자하려는 사람은 자신의 총 출자금을 신청하고 4년 동안 1년마다 4분의 1씩을 납부하면 되었다. 1주의 금액은 50원으로 총 2,000주를 발행해 10만 원의 출자액을 조성해 이를 연간 25,000원씩 4년간 투입하도록 하였다. 그리하여 최초 1년부터 출자액을 농장에 투입해 4년 후에는 113,525원의 자본금과 1,180정보 이상의 토지를 소유하는 주식회사로 성장시킨다는 계획이었다. 4년차 이후부터는 다른 지역의 한인들까지 농장으로 불러들여 더욱 큰 규모의 농업을 펼칠 생각이었다. 이 같은 만주농업사를 바탕으로 한 대규모 농장 건설계획은 일제 식민지하에서 기아와 고통으로 신음하다 결국에는 고사되고 마는 한민족을 위한 자립사회를 만들겠다는 구상이었다. 이 계획은 1924년 12월부터 추진되어 이듬해 2월 1일까지 신청자를 접수해 추진하려고 했지만 자금이 마련되지 않아 구체적인 실천단계까지는 가지 못했다. 그러나 이러한 계획은 재만한인의 경제적 안정을 위한 시도로서 매우 중요한 의미를 지니는 것이다. 특히 만주농업사 설립계획은 이후 정의부가 실시한 관할지역 주민들에 대한 민정활동의 기본안이 되었다. 즉 정의부가 실시한 공동농업제인 공농제公農制나 농촌공회農村公會 등은 양기탁이 추진한 수전농장 건설과 만주농업사 계획의 골격에 기초한 것이었다.

 양기탁은 정의부 관할지역 주민들의 권익향상에도 노력을 기울였다. 양기탁은 1925년 7월 중순 길림성 성내 기독교예배당에서 손정도 외 3명의 대표자들과 회합을 갖고 중국에 귀화한 한인들의 자위책自衛策을 토의하였다. 그 결과 한인韓人 전과관리경무專科管理警務 및 농회農會에 가입할 권리를 중국 관헌에 청원할 것을 결의하였다. 이의 교섭위원으로 손정도·양기탁 2명이 선정되어 길림성 성장에 교섭하였다. 길림성 성장은 한인 전과관리 경무 문제는 어려우나 농회 가입은 승인한다고 회답하였다. 이에 따라 양기탁 등 대표자들은 귀화선인생계회歸化鮮人生計會라는 것을 조직하여 본부를 성 중앙에 두고 지부를 각 현에 설치하여 지방 이주 한인을 회원으로 참가시켜 이주 한인의 생활유지 보장책 마련을 위해 노력하였다.

 정의부가 관할지역 거주 한인들의 경제 부흥을 위해 전면적으로 추진하고자 한 사업은 1927년 4월 1일 길림성 동대문 밖 대동공사에서 발기회를 가진 농민호조사 결성사업이었다. 이 사업에는 양기탁을 비롯하여 정의부의 핵심 간부들인 김이대·김동삼·이탁·오동진·현정경 등과 미주에서 활동하던 안창호까지 가담하였다. 안창호는 1925년 말부터 만주에 대농장을 건설한다는 계획을 세우고 11월에 이탁을 길림에 보내 적당한 토지를 물색하도록 하였다. 이탁은 길림성 교하에서 수전농사에 합당한 토지를 찾아 남경南京에 있는 안창호에게 보고하였다. 안창호는 미주의 흥사단 단원들이 모금해 준 약 2만 원의 자금으로 이 토지를 구입해 경영할 계획이었다.

안창호는 1927년 초 길림에 도착해 정의부 지도층과 상의한 후 대동공사에 한인들을 모아 놓고 강연회를 개최하여 성황을 이루었다. 하지만 이날 연설회는 길림 일본영사관 경찰서에 탐지되어 일제는 중국 측에 이들을 체포하도록 압력을 가했다. 이에 양기탁과 안창호를 비롯한 많은 한인들이 중국 경찰에 체포되었다.

이 같은 상황이 일어나자 임시정부와 흥사단 그리고 여러 독립운동단체들이 백방으로 중국 측에 항의하였다. 그 결과 체포된 지 21일 만에 석방될 수 있었다. 석방된 안창호는 양기탁을 비롯한 정의부 측 인사들과 숙의하여 농민호조사를 결성하였다. 농민호조사는 입회금과 연회비 1원씩을 납부하는 사원으로 조직해 집단 농촌을 경영하는 조합 형태의 단체였다. 최종적으로는 1인당 150원 이상의 출자금을 받아 대단위의 토지를 구입해 출자액 비율로 분배하여 경영한다는 방식이었지만, 일시적으로 많은 돈을 낼 수 있는 재만 한인이 많지 않았으므로 매년 나누어 낼 수 있는 방법도 병행하였다.

그러나 안창호와 양기탁을 비롯한 정의부 간부들의 노력으로 대 성황리에 출발한 농민호조사였지만, 큰 성과를 거두지는 못하였다. 농민호조사가 출발한 거의 같은 시기에 만주지역에도 민족유일당 운동이 추진되어 정의부 지도층이 통일운동에 보다 큰 비중을 두고 활동하였기 때문이었다.

대한민국임시정부 국무령에 선임되다

이상룡

1925년 임시정부에서 만주로 파견된 이유필 등은 정의부·신민부 인사들과 회담을 통해 이들 단체의 임시정부 참여를 요청하였다. 이에 대해 정의부와 신민부에서는 간부들의 입각을 조건으로 임시정부에 참여하기로 결정하였다. 이에 따라 1925년 8월 초대 국무령에 서로군정서 독판 이상룡이 취임하였다. 이상룡은 1910년 독립운동기지를 개척하기 위해 만주로 망명한 이후 경학사·부민단·한족회 등을 결성하는데 주도적으로 참여하였고, 1919년 이후에는 서로군정서의 독판으로 군사조직을 이끌고 있었다. 그는 경술국치 직후부터 만주로 망명하여 교민자치와 독립군 양성 조직에 지속적으로 참여한 원로였으므로 각 단체의 인사들로부터 두루 존경을 받고 있었다. 이러한 만주지역 독립운동계에서의 위상을 고려하여 대한민국 임시의정원에서는 초대 국무령으로 이상룡을 선출하였다.

그러나 이상룡은 상해로 부임한 이후 만주지역 무장투쟁 세력의 후원 부족으로 각료를 선임하지 못하고 있었다. 또한 여운형구타사건 등 임시정부 주변인사들간의 알력을 피해 몇 달간 상해를 떠나 있었다. 결국 임시의정원에서는 국정의 공백을 우려하여 1926년 2월 18일 이상룡을 면직하였다. 이어 그 후임의 임시정부 국무령으로 양기탁을 선임하고 길림에 거주하는 양기탁에게 이를 통보하였다. 양기탁이 만주지역

민족운동 세력의 폭넓은 지지를 받고 있는 원로였고, 1921년에는 대통령 설이 나돌 정도로 전체 민족운동계에서 차지하는 위상이 높았기 때문이었을 것이다.

양기탁은 임시정부 국무령 취임여부를 놓고 상당히 고심하였던 것으로 보인다. 처음에는 취임할 의사가 있었던 것 같다. 양기탁은 자신의 국무령 취임에 대한 만주지역 동지들의 의견을 구하고 3월에는 동지들에게 자신이 임시정부 국무령에 선임된 사실과 후원을 기대한다는 내용의 편지를 보내기도 했다. 그러나 만주지역 무장투쟁 단체와 주요 인사들은 임시정부에 대해 부정적인 시각이 많았다. 국민대표회의의 결렬과 무장투쟁방안을 적극적으로 추진하지 못하고 있는 데 대한 반감이 컸던 것이다. 더욱이 만주지역 독립운동 세력을 대표하여 국무령에 취임했던 이상룡이 조각조차 구성하지 못하고 사임한 것은 만주지역 독립운동계의 임시정부에 대한 부정적인 인식을 부채질한 꼴이었다.

정의부에서는 임시정부 참여문제에 따른 행정부와 의회의 마찰로 중앙조직이 크게 와해되기도 했었다. 1925년 4월 임시정부에서 파견한 이유필 등이 양기탁의 중재로 정의부 중앙행정위원회 위원들을 만나 여러 안을 제시하며 참여를 호소하였다. 이에 행정위원회 위원들은 지난날의 갈등을 해소하고 임시정부에 참여하여 점진적으로 그 세력을 만주로 이동시키고자 하였다. 그러나 의회 위원들은 상해임시정부를 완전히 변화시켜 새로운 정부로 만든 후 항일무장투쟁의 실질지대라 할 수 있는 만주로 옮겨 오고자 했던 것이다. 또한 중앙의회는 주요인사들이 임시정부에 참여함으로써 만주지역 독립운동계에 공백이 생기는 것을 우려하였다. 이러한 의견 차이 때문에 1926년 초 중앙행정위원회가 중앙의회로부터 불신임을 받고 의회가 행정위원회로부터 해산당하는 사태가 일어났다.

중앙조직의 공백을 해결하고자 1월 24일 군민대표회가 조직되었다. 군민대표회를 중심으로 새로 개편된 중앙행정위원과 정무원에는 지방의 대표들이 대거 참여하여 정의부 주도세력에 일시 변화를 초래하였다. 이 같은 변화과정에서 정의부의 대임시정부 인식은 더욱 악화되었고 결국 양기탁은 동지들의 뜻을 쫓아 국무령 취임을 거절하였다. 이에 따라 임시정부 의정원에서는 동년 4월 23일 국무령 선임을 취소하였다. 양기탁은 임시정부 참여 대신 한인 동포들의 생활기반이 형성되어 있고 독립운동의 근거지인 만주에서 당을 통해 독립운동계의 통일적 지도를 계획하였으니 고려혁명당 결성이 그것이었다.

고려혁명당을 조직하다

고려혁명당은 정의부 인사들과 천도교 혁신파인 천도교연합회 계열, 신분철폐를 위한 형평운동과 항일독립운동을 병행하여 전개한 형평사의 대표들, 그리고 소련지역 무장투쟁 세력들이 연합하여 성립시킨 단체로서 양기탁과 최동희의 주도로 결성되었다. 양기탁·최동희 외에 주요한 인사들은 오동진·정원흠·고활신·이일심·주진수·김광희·이규풍·현정경·현익철·곽종육·이성계·이동구·김봉국·이동락 등이었다.

이들 중 주진수·이규풍·유동열·김규식·김좌진 등은 고려혁명당

가담세력인 정의부나 천도교계통 또는 형평사 측의 인사가 아니다. 주진수·이규풍·유동열은 소련 연해주지역에서 활동한 인물이고, 김규식과 김좌진은 북만지역 군정부인 신민부의 간부들이다.

최동희는 동학의 2세 교주인 해월 최시형의 아들로 1918년에 소련 연해주의 블라디보스토크로 망명한 인물이다. 그는 1920년 국내로 들어와 활동하다 1923년 1월에 다시 연해주로 망명하여 블라디보스토크를 중심으로 독립운동을 전개하였다. 그러나 1925년 1월 소련과 일본이 '소일 상호관계의 기본원칙에 관한 협약'이라는 밀약을 맺어 소련 영토 내에서 어떤 반일운동도 하지 못하도록 하였다. 상황이 이렇게 되자 최동희는 새로운 활동방향을 모색하기 위해 1925년 2월 주진수·이규풍·김광희 등과 함께 만주의 길림으로 왔다. 유동열은 1922년부터 1924년 4월까지 임시정부의 군무총장으로 활동한 바 있으나, 1921년 6월 자유시참변이 발생하기 전후에는 노령에서 고려군정의회의 군정위원 등으로 활동하기도 하였다. 이 같은 연유로 유동열도 노령에서 활동하던 시기에 최동희나 주진수·이규풍 등과 친숙하였고 고려혁명당 결성에 참여한 것이다.

최동희 등은 만주에서 활동목표를 민족운동계의 통일전선 구축 또는 민족유일당 결성에 두었다. 따라서 이들은 길림에 도착하여 모든 이념과 노선 및 단체를 초월한 재만 독립운동계의 대단합을 호소하게 되었고, 그 과정에서 양기탁과 연결된 것이었다. 노령에서 만주로 이동하여 세력기반이 취약한 최동희 등은 만주에서 민족운동 전선의 통일을 이루기 위해 독립운동계 인사들의 신망이 두터운 양기탁의 힘을 빌리고

자 했다. 양기탁은 만주 이주 초기부터 끊임없이 독립운동 단체의 통합을 추진해 왔으므로, 이들의 활동에 적극 호응하였다. 양기탁은 1918년 『한인신보』 편집인으로 초빙되어 노령에서 활동하기도 하였고, 이동휘가 주도한 한인사회당 결성에도 관여한 바 있었다. 따라서 민족독립을 가장 우선시하는 양기탁이었으나 사회주의적 성향의 인사들과도 자연스럽게 연결되어 이들을 포용할 수 있었던 것이다.

오동진·정이형·고활신·현정경·현익철·곽종육 등 정의부 소속 인사들의 참여는 양기탁의 영향과 노력에 의한 것으로 보인다. 이들은 양기탁이 주도하여 결성한 다른 단체에도 꾸준히 참여하고 있었다. 당시 정의부에는 신민부와의 통합논의와 임시정부 참여 문제 등으로 내부 논란이 많던 시기였다. 만주지역 독립운동 단체의 통합은 해당지역 단체에 국한된 것이었으나, 당을 결성하는 것은 지역의 한계를 벗어나 이념과 운동방략을 함께하는 사람들이 결집된 것이었으므로 새로운 통합의 방법으로 제시될 수 있었다. 더욱이 1924년 중국에서는 중국국민당과 공산당이 연합한 국공합작이 이루어지고, 정당을 통해 국가를 이끌어 가자는 '이당치국以黨治國'의 이론이 제기되고 있었다. 이러한 여건이 었으므로 정의부 내에서도 양기탁과 뜻을 같이하는 인사들이 고려혁명당 결성에 참여하였던 것이다.

주진수는 한말 신민회 당시 양기탁과 함께 활동하던 동지였다. 그는 신민회가 추진한 독립운동기지 개척 계획의 강원도 지역 활동 책임자였다. 안동지역 계몽활동의 중심인사였던 석주 이상룡을 양기탁에게 연결해 준 것도 주진수였다. 이상룡을 비롯하여 김동삼·김대락 등 그 지역 핵심적인 활동가들의 만주 이주를 촉진하였고 그 자신도 만주로 망명하였다. 주진수는 1910년대 동녕현에서 양기탁과 함께 독립군 양성활동을 벌이기도 하였다. 이후 노령을 근거지로 활동하다가 최동희와 함께 만주로 이동한 것이었다. 따라서 양기탁은 주진수를 통해 최동희와 연계되었을 것으로 보인다. 최동희는 천도교연합회의 중심인물로 천도교 및 형평사 계열 인사들의 참여에 큰 역할을 하였다. 노령으로부터 만주로 건너온 최동희·주진수·이규풍 등은 사회주의자는 아니었으나 사회주의자들이 주장하는 계급차별을 없앤 평등사회를 건설하는데 찬성하는 인물들이었다.

　이들은 1926년 3월 26일 길림성 내에 있는 양기탁의 집에 모여 무장독립운동을 일정한 이념운동으로 승화시키기 위해 각 파의 혁명사상가들을 망라해 당을 조직하고, 그 지도 아래 무장세력과 자치조직을 운영할 수 있는 성격의 고려혁명당 결성을 결의하였다. 29일에는 다시 양기탁의 집에 모여 창당 준비위원회를 개최하여 고려혁명당의 선언과 강령, 당칙을 작성하고 아울러 조직부·선전부·경리부·검사부 등의 집행기관을 설치하였다. 이와 같은 준비를 거친 후 이들 대표는 1926년 4월 5일 길림에서 정식으로 고려혁명당의 창당을 선포하였다. 이와 같이하여 결성된 고려혁명당의 초기 간부진은 다음과 같다.

　　　위원장 : 양기탁
　　　책임비서 : 이동구
　　　위원 : 고활신·곽종육·김규식·김봉국·김좌진·오동진·유동

열·이규풍·이동락·정이형·주진수·지청천·최동희·현익철·현정경

하지만 김좌진이나 김규식의 경우는 창당추진 과정이나 창당 후 과정에서 고려혁명당원으로서의 활동 흔적이 나타나지 않고 있어 실질적인 참여는 하지 않고 위원 명단에만 올려진 것으로 보인다. 특히 김좌진은 1915년 대한광복회의 만주부사령으로 있을 당시부터 양기탁의 지도를 받은 바 있어 양기탁이 주도하는 고려혁명당에 참여하였을 것이다. 그러나 김좌진·김규식은 신민부의 핵심 인사들인 관계로 고려혁명당에서 활동하지는 않았다.

이들은 전민족적 통합을 이룩한다는 목표하에 1925년 초부터 약 1년간의 추진과정에서 국내의 천도교연합회와 형평사 측에 연락하여 고려혁명당의 성립에 협조해 줄 것을 부탁하고 사회주의 단체들에게도 이에 가담하도록 요구하였다. 그러나 사회주의 단체들은 고려혁명당에 가담하지 않았다. 그 이유는 고려혁명당이 추진하고자 한 바가 코민테른이 요구하는 사회주의 노선이 아니라 한민족의 독립을 추구하는 민족주의적 활동방향을 가졌다고 판단했기 때문이었다.

1926년 4월 여러 독립운동 세력이 통합하여 성립한 고려혁명당은 각 참여층의 이념과 노선이 다양한 만큼 효율적인 성과를 거두기 위해서는 각자가 공통으로 인식할 수 있는 이념과 노선을 설정하여야 했다. 따라서 고려혁명당을 창당한 인물들은 발기회나 준비회의를 할 때부터 합일된 이념과 노선을 만들기 위해 고심하였다.

고려혁명당의 이념과 노선에는 사회주의적 성향이 나타나며, 독립운동 방략은 일본과의 전쟁을 통해 독립을 쟁취한다는 독립전쟁론이다. 창당 당시에 참여했던 사회주의 성향의 인물들도 극좌 사회주의자는 아니었다. 사회주의자의 입당을 유도한 것은 고려혁명당을 사회주의 이념 단체로 만들기 위한 것이 아니라 대다수가 노동자·농민인 재만 한인을 선도하기 위해서는 민족 우위의 근본 입장에서 사회주의를 신봉하는 자들의 역할이 필요했기 때문이었다. 이와 같은 면에서 볼 때 고려혁명당의 성격은 기본적으로 민족주의를 지향하면서 온건한 사회주의를 포용했다고 볼 수 있다. 이러한 입장과 이념하에서 고려혁명당은 보다 체계적인 활동을 위해 만주 내 각 지역에 세포단체를 조직하였다. 세포조직은 길림성과 봉천성 등 여러 지역에 넓게 걸쳐있으나 주로 압록강 대안의 남만주지역 정의부의 관할지역 내에 조직되었다.

고려혁명당은 성립 초기부터 무장투쟁 위주의 활동을 전개하였다. 특히 정의부의 중대장을 겸해 고려혁명당 창당 이전부터 일정한 무력을 이끌고 있던 위원 정이형은 정통단正統團이라는 특수부대를 조직하여 길림에 근거지를 구축하고 무장활동을 펼쳤다. 그가 이끈 이 조직의 대원들은 국내 진입 유격전을 전개하는가 하면 만주 내에서는 친일파 척결 및 군자금 모집 활동을 펼쳤다.

그러나 고려혁명당은 성립된 지 채 1년을 넘기지 못하고 1926년 12월 28일 위원 이동락이 장춘에서 일본 경찰에게 체포되고 말았다. 체포 당시 이동락은 고려혁명당의 선언서·강령·당략·맹약 등을 소지하고 있었기 때문에 고려혁명당의 전모가 일제에게 완전히 발각되었다. 뿐만 아니라 이들 문서에는 고려혁명당 간부들의 서명이 있어 만주의 독립운동 세력뿐 아니라 국내의 천도교 및 형평사 측 주요 인물들도 완전히 노출되고 말았다. 고려혁명당의 간부 명단을 파악한 일제는 천도교 측과 형평사 측 인물들을 대거 검거하였다. 1927년 7월 무장활동을 펼치던 정이형 조차 일본 경찰에 체포되고 말았다.

국내와 만주에서 주요 간부들이 대대적인 검거를 당하게 되자 고려혁명당의 활동은 크게 위축되었다. 그러나 고려혁명당의 간부들인 양기탁·이규풍·이일심·주진수 등은 이 위기를 탈출하여 당을 더욱 활성화시키고자 1927년 8월 22일부터 24일까지 아성현 취원창으로 자리를 옮겨 고려혁명당 세포연합대회를 개최하였다. 이들이 세포연합대회를 개최한 이유는 중앙의 간부들이 다수 체포되었기 때문이기도 하지만, 중앙 조직 위주의 활동을 벗어나 각지에 산재한 세포단체를 활성화시켜 활동의 범위를 저변화시키고자 한 것이었다.

이 대회에서 참석자들은 기존의 당규를 개정하고, 청년회의 단결, 농민단체의 조직, 토지 경영의 문제 등을 협의하고 새로 중앙집행위원을 선정하였다. 선정된 중앙집행위원은 이일심·박경종·승진·현정경·유

정이형 체포사실 보도기사
(『동아일보』 1926년 8월 1일)

고려혁명당원 재판 판사와 방청군중

동열·정경태·이규풍·김관성 등 9명이었다. 이처럼 새롭게 체제를 갖추었지만 고려혁명당은 과거의 세력을 만회하지 못하고 1927년 이후부터 남북만의 독립운동 세력들이 민족유일당 운동을 시작하면서 위축·해체된 것으로 보인다.

이와는 별도로 1926년 12월 7일 중국 길림성 반석에서 정의부·한족

조선혁명자후원회 결성 보도기사와 양기탁 사진(「동아일보」 1927년 1월 28일)

노동당·남만청년총동맹의 각 간부들과 유지자들이 회합하여 조선혁명자후원회를 조직할 것을 협의하였다. 이 자리에서 창립주비위원으로 김상덕·박근식·송한석·고활신·김양훈 등 5명을 선출하고 책임서기에 김상덕을 선출하여 창립총회 시까지 사무를 위임하였다. 이들은 발기문을 인쇄하여 각 지방에 발송하였다. 발기인은 91명에 달했는데 양기탁을 비롯하여 각 단체의 주요인사들이 망라되었다. 조선혁명자후원회의 결성 목적은 민족운동을 하다가 체포·수감되어 있는 수많은 동지와 그들의 가족들에 대해 정신적·물질적인 동정과 후원을 하자는 것이었다.

이는 체포된 민족운동자와 그 가족을 후원함으로써 민족운동자들이 가족의 생계를 염려하지 않고 독립운동에 매진할 수 있도록 하는 중요한 조치인 것이다. 따라서 이 조직에는 이념이나 정파에 구분됨이 없이 다양한 성향의 인사들이 대거 참여하였다. 당시 이를 보도한『동아일보』에는 이 조직의 대표적인 인물로 양기탁을 거명하며 양기탁의 사진까지 게재하고 있는데, 일제 정보보고에 의하면 이 기사는 혁명자후원회 관계자가 동아일보사에 직접 송신한 것이라고 한다. 이를 통해 보면 양기탁이 조선혁명자후원회의 조직 결성을 발의하였거나 적극적으로 주도하였음을 짐작할 수 있다.

평생을 독립운동에 바친 노혁명가 10

1930년대, 중국 관내지역에서의 활동

1927년 이후 1930년까지 공식기록에 양기탁의 이름을 발견되지 않는다. 직접 위원장을 맡아 야심차게 추진한 고려혁명당의 와해로 그의 기력도 많이 쇠진하였을 것이다. 1927년 당시 그는 이미 57세의 노인이었다. 그는 북만주 지역인 흑룡강성 동흥현으로 이주하여 가족과 생활하며 건강을 추스렸다.

그는 흑룡강성 동흥현에서도 동포들과 함께 하였다. 1930년 4월 그는 중국 흑룡강성 동흥현 십이허 소재 동포들의 농장에서 생활하며 농장경영을 통한 동포들의 생활안정 방안을 강구하였다. 그러나 이러한 활동을 밀고 당해 중국 관헌에 체포되어 한 달 이상 고초를 겪다가 5월 29일에야 풀려났다. 이후 중국 관헌의 감시로 인해 독립운동의 추진이 어렵게 되자 그는 가족을 떠나 결국 9월에 만주 길림으로 돌아왔다.

1930년 만주지역은 사회주의 계열의 급격한 세력 확장으로 민족주의

상해 흥사단 본부 정문 앞의 양기탁(1931년)

계열의 활동 공간이 크게 축소된 상태였다. 정의부에 사회주의 계열의 인사들이 가입하는가 하면, 정의부의 일부 인사들도 사회주의 단체에 참가하는 등 운동지형이 크게 변화하였다. 또한 1931년 만주사변 이전이기는 하나 일제 군경의 만주에 대한 직접적인 무력개입이 빈번해지고 각종 친일단체가 발호하여 독립운동의 환경도 급격히 악화되었다.

반면 만주에서는 독립운동의 3대 세력을 통합하려는 3부 통합운동이 일어나 1929년 4월 정의부·참의부·신민부의 일부 세력들이 결집하여 국민부를 결성하였다. 중국 관내에서는 사회주의 계열과 민족주의 계열이 결합하여 민족유일당을 결성하려는 시도가 있었으나 1929년이 시도는 결렬되었다. 즉 1929년 10월 상해에서 좌파세력만으로 유호한국독립운동자동맹이 결성되었고 이에 대항하여 임시정부를 중심으로 한 우파세력은 1930년 1월 한국독립당을 결성하였던 것이다.

이 같은 상황에서 양기탁은 만주 길림에서 국민부의 김동삼 등과 함께 한족총연합회와의 합동을 추진하기도 하였으나 여의치 않았다. 만주에는 연소한 신진세력들이 크게 진출하여 양기탁의 활동 여지도 그만큼 축소되고 있었다. 양기탁은 결국 만주를 떠나 중국 관내지역, 그중에서도 독립운동세력이 집결해 있는 상해로 활동공간을 옮기기로 결심하고 1930년 12월 상해로 이주하였다. 상해에는 그가 한말부터 함께 활동하던 동지들이 많았다. 안창호·이동녕·김구 등은 신민회 활동을 함께 한 동지였다. 당시 그는 이미 60살이 넘은 노인이기도 했다. 오랫동안 뜻을 같이하던 동지들과 함께 일하고 싶었을 것이다.

『동삼성한교문제』

그는 상해로 이주한 후 한국독립당에 가입하였다. 안창호·이동녕 등과 함께 한국독립당을 중심으로 김동삼·김이대 등 국민부의 주요 인사 그리고 김좌진이 암살된 이후의 한족총연합회 인사들과 통합하여 대단일당 결성을 재차 추진하였다. 그러나 뜻과 같이 통합이 이루어지기는 어려웠다. 그는 안창호·이동녕·김구·조소앙 등과 함께 만주지역 한인문제 해결을 위해 남경의 중국 국민당 정부에 여러 차례 교섭을 시도하기도 했다.

보르네오 섬에 한인 집단이주 계획을 추진하다

또한 1931년 2월에는 김규식·안창호 등과 함께 동남아시아의 보르네

김규식

오 섬에 우리 동포들의 집단 이주계획을 추진하기도 했다. 당시 천진의 북양대학에 교수로 재직하던 우사 김규식이 보르네오 섬 총독과 이주계획을 협의한 결과 총독이 찬성하자 이의 추진을 양기탁과 협의한 것이다. 양기탁은 안창호와 함께 적극 나서 이주계획의 책임을 맡기로 했다. 그리하여 보르네오 섬의 총독과 여러 차례 통신 교섭을 하고 지역사정에 관한 간행물도 받아 살펴보았다. 또 사람을 보르네오 섬에 파견하기도 하였다. 보르네오 섬은 남방지역이어서 벼농사에 유리하므로 만주에서 고생하는 우리 동포들을 집단으로 이주시켜 영농하게 할 계획이었다. 이 계획의 성공은 만주지역 한인들의 생활안정뿐 아니라 또 다른 독립운동기지 건설과도 연결되는 것이었다. 그러나 만주지역 한인을 집단 이주시키는 것은 쉬운 일이 아니었다. 우선 보르네오 섬이 적도지역인지라 기온이 매우 높고 습기가 많을 뿐 아니라 원시림이 무성하여 개간이 쉽지 않은 실정이었다. 또 이미 만주지역에 생활터전을 잡은 동포들이 새로운 미지의 땅으로 이주하는 것은 당사자들에게 쉬운 결정이 아니었다. 무엇보다 어려운 것은 경비였다. 도항비와 개간자금을 모두 이주자가 부담해야 했던 것이다. 이 같은 여러 가지 사정으로 야심 차게 추진한 보르네오 섬 이주계획은 결국 실패로 돌아갔다.

윤봉길 의사 폭탄투척 직후의 현장

대한민국임시정부 주석으로 활동하다

1932년 4월 상해에서는 한국 독립운동사상 빛나는 쾌거가 있었다. 윤봉길 의사의 홍구공원 투탄의거가 그것이다. 시라가와 대장을 비롯한 많은 일본 수뇌부를 살상시킨 이 의거는 독립운동계에 커다란 변화를 가져왔다. 우선 일제의 탄압을 피해 임시정부가 상해를 떠나 각지를 떠도는 유랑시기를 겪어야 했다. 당시 상해는 일제에 의해 점령된 상태였으므로 임시정부 역시 상해에서는 더 이상 활동할 수가 없어 1932년 5

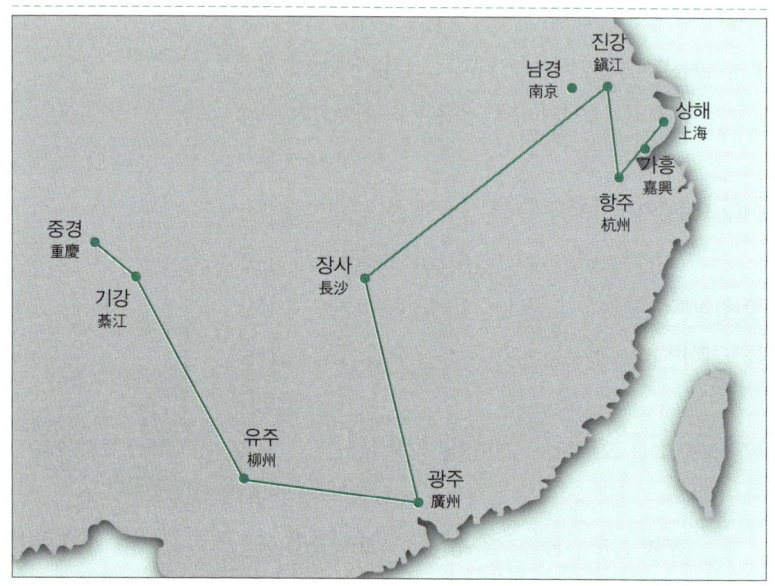

대한민국임시정부 이동로

월 항주로 이동하였다. 이후 임시정부는 1940년 중경에 정착할 때까지 여러 곳을 전전해야 했다.

반면 중국 측의 우리 독립운동에 대한 인식이 변화되어 중국 국민당 정부의 독립운동 지원이 강화되었다. 홍구공원 거사가 성공하자 일제는 상해지역 독립운동가에 대한 검거에 나섰고, 이 와중에 1932년 4월 30일 안창호가 체포되고 말았다. 안창호는 한말 신민회 때부터 양기탁과 뜻과 행동을 함께하던 막역한 동지였다. 양기탁의 충격은 매우 컸다. 결국 양기탁은 일본 경찰의 추격을 피해 강소성 표양현漂陽縣 서운사棲雲寺에 들어가 중국 승려들로부터 숭앙을 받으며 도를 닦았다. 1920년에 통천교를 창시했던 양기탁이었다. 현실세계에서는 그가 그토록 지향하던 통합이 뜻과 같이 이루어지지는 않았으나, 그에게 있어 인간의 정신세계를 통일하는 종교활동은 낯설지 않은 일이었다. 그러나 이러한 은거생활은 오래가지 않았다. 그에게 민족독립은 영원한 화두였다. 마침 홍구공원 의거 이후 일제의 탄압을 피해 남경·진강·항주·가흥 등 각지로 흩어졌던 독립운동가들이 재결집할 수 있는 계기가 마련되었다. 1931년 만주사변 이후 독립운동 전선의 통일을 위해 결성되었던 한국대일전선통일동맹의 중한민중대동맹 대표로 미국으로 건너간 김규식이 1933년 8월 미국의 화교들로부터 모금한 미화 7,000달러 중 3,000달러를 송금해왔다. 이어 9월에는 김규식이 중국으로 돌아왔다. 이에 고무된 민족운동계에서는 남경에서 모임을 갖고 자금의 사용방법을 논의한 결과 2,000달러는 한국대일전선통일동맹과 지청천 장군이 이끄는 한국독립군에 지원하기로 하였다. 또한 잔금은 송금 되는 대로 임시정부의 부흥자금으로 활용하기로 하였다.

  문제는 독립운동가들이 각지로 흩어져 있을 뿐 아니라 생각을 달리하는 사람들끼리 파벌을 형성하고 있다는 것이었다. 한말 이래로 민족운동의 중심인물로 활동했고, 만주에서 통합운동에 앞장섰던 양기탁이야말로 이러한 상황을 해결할 적임자였다. 결국 각지 민족운동가들의 요망에 의해 양기탁은 1933년 10월 4일 상해로 귀환하여 오랜 동지인 김홍서의 집에 머물며 흩어진 동지들을 규합하여 임시정부의 재흥에 나섰다. 양기탁은 먼저 차리석을 통해 임시정부를 떠나 가흥에 거주하던 김구에게 타협을 권유하였다.

또한 1934년 1월 송병조의 교민단장 사임 이후 공석이었던 상해 교민단의 위원장에 김홍령을 선임하고 고문으로서 실질적으로 교민단을 정상화하는 데 힘을 쏟았다. 교민단은 홍구공원 의거 이후 관련 주요인사들이 각지로 흩어져 은거하고 이수봉·김철 등 단을 지키던 인사들이 일본 경찰에 체포되어 사무실이 폐쇄되는 등 어려움에 처해 있었는데 이를 다시 재건한 것이었다.

한편 양기탁은 직접 항주·가흥·남경·진강 등을 오가기도 하고, 김홍서·문일민 등을 파견하여 각지의 주요인사들에게 파벌투쟁의 불식과 통합의 필요성을 역설하여 동지들을 재규합하는데 온 힘을 다하였다. 가흥에 은신하던 김구로부터는 직접 참가하지는 못하지만 후원하겠다는 약속을 받았다.

그리하여 마침내 1933년 12월 30일 진강에서 개최된 임시의정원 정기회의에서 임시정부의 국무원을 새로이 구성하기에 이르렀다. 즉 국무위원인 조성환·송병조·김규식·이승만·윤기섭·신익희·최동오·차리석이 만기 해임되었다. 그 후임으로 양기탁을 비롯하여 송병조·윤기섭·조소앙·김규식·최동오·김철·성주식·조성환이 새로이 국무위원에 선임된 것이다. 이듬해 1월 초에는 항주에서 송병조·조소앙·김철, 가흥에서는 이동녕, 남경으로부터는 왕웅·최동오, 소주로부터 성주식 등이 진강으로 집결하였다. 같은 해 1월 20일 진강에서 제1회 국무회의를 개최하고 행정 각부의 책임자를 선임하였다. 이 자리에서 새로이 구성된 행정 각부의 책임자는 다음과 같다.

주　석 : 양기탁	재무장 : 송병조
외무장 : 김규식	군무장 : 윤기섭
내무장 : 조소앙	법무장 : 최동오
무임소 : 성주식	무임소 : 조성환
비　서 : 김　철	

그 외 종래 선임된 바 없던 임시정부 상임위원에 박창세·문일민·신공제의 3명이 선임되었다. 이러한 국무원 구성은 이른바 기호파와 평안도파뿐 아니라 새로운 인물도 충원된 것이어서 각 독립운동 세력이 힘을 모은 것임을 알 수 있다. 이와 같은 국무위원 구성에서 양기탁은 주석에 선임되어 명실상부하게 임시정부의 수반으로 활동을 시작하였다.

같은 날 신임 국무위원들은 연서로 다음과 같은 취임 맹세를 대내외에 발표하여 국무에 임하는 자세와 각오를 밝혔다.

…… 생사관두生死關頭에서는 우리 민중! 각계의 선봉적 전위대! 각 단체 지도계급에 재在한 투사여! 자래自來의 무용無用한 대립적 자상투쟁自相鬪爭은 휴전하자! 일치된 보조로 역량을 집중하여 적의 소굴을 소탕하자! 이는 아등我等의 운동을 혁신하는 혜경蹊徑이며 정식 정부의 건립을 촉진하는 발동기이다. 절박한 대전大戰에 응應하여 민족의 신생명을 창조하는 초석이므로 힘 있는 한 노력할 것을 간망懇望하는 바이다.

양기탁은 1934년 1월 22일 가흥에 은신하고 있던 김구를 찾아가 임시정부 국무원 회의의 상황과 향후의 방침 등에 관해 협의하였다. 김구는 한인애국단을 결성하여 홍구공원 의거를 성공시킴으로써 독립운동계뿐만 아니라 중국 국민당 정부로부터도 크게 신임을 얻고 있었고, 초창기부터 임시정부를 지켜왔으므로 향후 국정운영에 그의 지지가 필요했던 것이다.

 1926년 임시정부 주석 제의를 거절했던 양기탁이 다시 임시정부에 합류한 데에는 여러 이유가 있었다. 우선 민족운동의 상황 변화를 생각해 볼 수 있다. 1931년 일제의 침공으로 시작된 만주사변의 결과로 1932년에는 일제의 조종을 받은 괴뢰 만주국이 수립되었다. 이에 따라 만주국 군경과 합동한 일제 군경의 탄압은 더욱 거세져서 만주지역에서의 독립운동은 극도로 어려운 환경에 처하였다. 결국 많은 독립운동가들이 중국 관내지역으로 이동하여 새로운 독립운동의 기반을 마련해야 했다. 특히 상해에는 임시정부가 있었고 오랜 기간 독립운동의 근거지 역할을 하였으므로 많은 독립운동가가 만주에서 상해로 이동하였다. 또 다른 이유는 1932년 윤봉길 의사의 상해 홍구공원 의거 이후 임시정부에 대한 대내외의 인식이 제고되었고, 중국 국민당정부의 지원도 강화되었던 것이다. 양기탁 개인으로서는 이미 60살의 고개를 넘은 노령이었다. 그는 자신이 우리 민족을 위해 봉사할 수 있는 마지막 기회라고 생각하였던 것 같다.

 이러한 고심의 결과 강소성 표양현 서운사에 은거하던 양기탁은 비장한 각오로 다시 독립운동의 전선에 뛰어들어 임시정부에 참여하였다. 그의 비장한 결심은 자신의 혈육조차 민족운동에 동원한 데에서도 읽을 수 있다. 양기탁은 임시정부에 합류를 결심한 이후인 1933년말 수차례에 걸쳐 일본에서 중앙대학에 재학 중인 외동아들 양효손에게 밀서를 보냈다. 상해에는 투사가 부족하므로 일본에서 투사를 물색하여 상해로 파견하라는 내용이었다. 무기력해지는 독립운동계에 활기를 불어넣기 위해 일본에 유학 온 한인 중에서 용감하고 실행력이 뛰어난 학생들을 물색하여 파견할 것을 지시한 것이다. 양효손은 망명한 부친과 떨어져 부친과 가까운 동지들의 손에서 외롭게 자랐다. 장성하여 일본 중앙대학에 유학했을 때 상해의 부친으로부터 이러한 연락을 받았던 것이다.

양효손은 메이지대학 전문부 법과 퇴학생인 한장협과 이 문제를 협의하였고 한장협이 독립운동에 투신하기 위해 상해로 망명하기로 결정하였다. 양효손은 친구인 최연수로부터 도항 비용을 빌리고 한장협은 신원증명서에 사용할 함남 홍원경찰서장의 인장을 위조하여 망명을 준비하였다. 그러나 망명 결행일 하루 전인 1934년 3월 11일 한장협은 도쿄에서 출발하려다가 그만 경찰에 발각되어 그와 양효손은 체포되고 말았다. 경찰이 우연히 함남 고원경찰서장의 인장을 주문한 사람이 있음을 알고 도장을 찾으러 온 한장협을 체포한 것이었다. 결국 이들은 재판에 회부되어 옥고를 치렀다. 그는 이처럼 자신의 하나뿐인 아들을 민족운동의 전선에 동원하여 옥고까지 치르게 하였다. 만주로 망명한 이후 독립운동을 위해 가족조차 제대로 돌보지도 못했던 양기탁이었다. 그에게는 양효손이 자신의 아들이기에 앞서 민족의 아들이었다.

양기탁은 임시정부의 주석에 선임된 이후 흩어진 임시정부의 역량을 재결집하기 위해 혼신을 다하였다. 상해를 떠난 이후 임시정부 판공처

大韓民國臨時政府公報

第五十七號

大韓民國十六年四月十五日

臨時政府秘書局

▲臨時議政院常任委員會紀事

一, 臨時議政院常任委員會에서 左開事項을 同意하다

1. 臨時約憲第十六條第二項에 依하야 國務委員曹煜의 辭職案을 受理하다

2. 臨時約憲第二十條第二項에 依하야 外務部行署規程과 財務部行署規程에 同意하다

大韓民國十六年三月　日

▲國務會議紀事

大韓民國十六年度第○回國務會議는 同年四月二日에 開會되야 國務委員宋秉祚, 尹琦燮, 趙素昂, 梁起鐸, 崔東旿, 金澈, 成周宲(有故未參) 等의 出席으로 左開事項이 次議되다

1. 臨時約憲第三十八條에 依하야 國務會議規定을 通過하다

1. 臨時約憲第三十條第二項에 依하야 外務部行署規程과 財務部行署規程을 通過하다

1. 外務委員會을 두지아니하고 外部長의 推薦으로 三人을 選定하고 外部長은 常然委員會의 會長이 되야 外交에 關한 重要事項을 協議決定게 하기로 하다

一, 外部行署을 美洲에 設置하기로 하다

一, 財務行署을 美洲에 設置하기로 하되 第一 第二 行署는 布哇에 第三行署는 桑港에 第四行署는 羅城에 第五行署는 뉴기무 하다

大韓民國十六年四月　日

▲職員選任의件

一, 趙素昂, 崔東旿, 申翼熙로 外領委員을 選任하다

一, 金澈로 國務會議秘書長을 選任하다

一, 李承晚으로 駐美外務行署委員으로 選任하다

一, 李正健으로 財務部駐美第一行署財務委員을 選任하다

一, 李元淳으로 財務部駐美第二行署財務委員을 選任하다

一, 白一圭로 財務部駐美第三行署財務委員을 選任하다

一, 宋憲澍로 財務部駐美第四行署財務委員을 選任하다

一, 張德秀로 財務部駐美第五行署財務委員을 選任하다

▲規定公布의件

臨時約憲第三十二條에 依하야 國務會議規程과 外務部行署規程과 財務部行署規程을 左와갓이 公布함

大韓民國十六年四月　日

國務委員　金奎植
　　　　　金　澈
　　　　　梁起鐸
　　　　　宋秉祚
　　　　　尹琦燮
　　　　　趙素昂
　　　　　崔東旿
　　　　　成周宲

（가나다順）

國務會議規程

第一條 國務會議는 每月一次第一○曜日에 定期會議를 開하고 臨時會議는 國務委員二人의 提議로 隨時開會함을 得함 開會節次는 左와 如함

一, 主席의開會

一, 主席人員의點檢

는 진강에 위치하였으나, 당무위원인 박창세가 특무대장으로 의열투쟁에 전념하게 되자 그 운영이 어려워졌다. 결국 다시 판공처를 항주로 옮기게 되었다. 임시정부 판공처는 항주 장생로 호변촌 32호에 마련되었는데 양기탁은 송병조·김철과 더불어 판공처에 상주하며 국무에 전념하였다.

주석인 양기탁을 비롯한 신임 국무위원들은 1934년 4월 국무회의 규정과 외무부행서규정, 재무부행서규정을 제정하여 임시의정원에 제출하는 등 임시정부 조직을 정비하였다. 새로운 조직으로 외무위원회를 설치하고 외부 행서를 미주에 설치하기로 하였다. 제1·제2재무행서는 하와이, 제3재무행서는 샌프란시스코, 제4재무행서는 로스앤젤레스, 제5재무행서는 뉴욕에 두기로 하였다. 임시정부의 원활한 운영을 위해서는 재정 확보가 급선무였으므로 미주지역 동포들의 독립의연금과 대미외교를 관장하는 외무부행서와 재무부행서의 조직을 정비한 것이다. 이어 해당 부서의 임원으로 조소앙·최동오·신익희를 외교위원, 이승만을 주미외무행서 외무위원에 선임하였다. 또 제1행서 이정건, 제2행서 이원순, 제3행서 백일규, 제4행서 송헌주, 제5행서 장덕수를 각 행서의 재무위원에 선임하였다. 1935년 초에는 임시정부 재무부 주미제4행서 재무위원 송헌주의 후임으로 김정진을 선임하여 미주지역 동포들의 임시정부 지원을 독려토록 하였다.

양기탁은 1934년 10월에는 임시정부 국무회의 주석과 군무장을 겸임하였다. 당시에는 각 국무위원들이 지금의 장관 격인 행정부서의 장을 겸임하였는데 양기탁은 처음 주석으로만 재직하다 군무부를 담당하는 군무장을 맡은 것이다. 양기탁은 11월 2일 적임이 아니라는 이유로 군무장 직을 사임하고 후임에 유동열을 선임하였다. 군무장은 군사업무를 총괄하는 직책인 만큼 직접 무장투쟁을 지도해왔던 인사나 군인 출신이 맡는 것이 일반적이기 때문이었다.

그러나 양기탁은 1935년 4월 27일 '연로다병年老多病'을 이유로 임시정부 국무위원 사임원을 제출하였다. 1935년, 양기탁은 65세였다. 그가 국무위원을 사임한 것은 건강 문제도 있었으나 무엇보다 당시 새롭게 제기된 민족대당 건설운동에 참여하기 위해서였다. 1932년에 결성된 독립운동 단체의 연합조직인 대일전선통일동맹이 각 민족운동 세력에 대해 1935년 2월까지 민족대당 결성을 위한 입장정리를 요구한 상태였다. 민족대당의 결성은 양기탁의 오랜 소망이었다. 단일 조직체에 전 민족운동 세력의 역량을 결집하여 대일항전을 전개해야 한다는 것은 그의 지론이었다. 양기탁은 이를 위해 각기 성격을 달리하는 세력을 포용할 수 있는 새로운 그릇이 필요하다고 보았다. 그는 임시정부의 부흥을 위해 노력을 기울였으나, 민족운동가들의 이탈과 은거 등으로 당시의 임시정부가 전 민족운동 세력을 이끌기에는 힘이 많이 모자랐던 것이 현실이었다. 양기탁은 마침내 임시정부를 떠나 민족대당 결성에 참여할 것을 결심하고 임시정부 국무위원을 사임한 것이다. 이 같은 생각은 양기탁뿐 아니라 당시 임시정부 국무위원 대다수의 의견이기도 했다. 국무위원 중 유동열·최동오·조소앙·김규식 등도 민족대당 결성에 참여하기 위해 국무위원을 사임하였고 임시정부 사수파인 송병조와 차리석 만이 잔류하게 되었다. 이들의 사임원은 동년 9월 1일 임시의정원

상임위원회에서 수리되었고 10월 22일 임시의정
원 회의에서 가결되었다. 11월 2일 새로이 김구·
이동녕·이시영·조완구·조성환 등이 국무위원에
선임되었다.

조소앙

한국독립당 활동

양기탁은 임시정부 국무위원이었으나 한국독립당
의 활동도 소홀히 하지 않았다. 한국독립당은 중
국 관내지역 독립운동계 좌·우파 세력이 추진한 민족유일당 운동이 결
렬되자 1930년 1월 상해에서 민족주의 세력이 임시정부를 강화하고 이
를 중심으로 독립운동을 추진하고자 조직한 것이다. 한국독립당은 이동
녕 등의 임시정부 핵심세력과 안창호를 비롯한 흥사단 세력 등 28명의
발기로 결성되었다. 이 중 김구·김홍서·박찬익·선우혁·안창호·이동
녕·이시영·이유필·이탁 등은 신민회 활동을 했던 경력이 있었다. 또
한 안창호가 이끄는 흥사단 단원들이 많았다. 한국독립당 창당에 참여
한 사람들은 대부분 임시정부의 핵심 인사들이었다. 주석과 국무령을
역임했던 이동녕과 김구를 위시하여 이들 대다수가 국무위원급이나 임
시의정원 의장 및 의원으로 활동했거나, 하고 있던 인물이었다. 따라서
한국독립당의 발기인이 임시정부 그 자체라고 해도 과언이 아니었다.
당의 조직체계는 당 중앙부와 하부조직인 구회區會 및 지회로 나누어졌
다. 당의 중앙조직은 이사장을 최고직으로 하는 이사회가 있고, 최고 의

결기구로 당 대표대회가 있었다.

한국독립당의 당의黨義는 '혁명적 수단으로 일본의 침략세력을 박멸하여 주권을 광복하고, 정치·경제·교육의 균등을 기초로 한 신민주국을 건설하여, 안으로 국민의 균등생활을 확보하고, 밖으로 민족과 민족, 국가와 국가 사이의 평등을 실현하고 나아가 세계일가一家를 이루는 것'이었다. 이는 조소앙의 삼균주의三均主義에 기반을 둔 것이었다. 한국독립당의 당강黨綱은 다음과 같다.

1. 국민의 혁명의식을 환기하고, 민족적 총역량을 집중한다.
2. 엄밀한 조직하에 민중적 반항과 무력적 파괴를 적극 진행한다.
3. 우리 광복운동에 우호적인 원조를 할 국가와 민족과 연락한다.
4. 보통선거제를 실시하여 국민의 참정권을 평등하게 하고 국민의 기본권리를 보장한다.
5. 토지 및 대생산기관을 국유화하여 국민의 생활권을 평등하게 한다.
6. 생활상의 기본지식과 필수적인 기술의 충족을 위해 공비公費로써 의무교육을 실시하여 국민의 구학권求學權을 평등하게 한다.
7. 국제 평등과 세계공영을 도모한다.

즉 우리 민족의 총역량을 동원한 민족적 저항과 무력적인 파괴를 방략으로 내세웠다. 다음으로 정치·경제·교육의 평등을 규정했다. 우방과의 협력관계 조성과 국제적 평등을 내세웠다. 그리고 복국復國 후에 건립할 국가의 국체와 정체는 민주공화국과 민주입헌제를 주장했다. 한국독립당은 민족유일당 결성이라는 민족운동 상의 요구의 결과 중국 관내지역에서 최초로 이루어진 본격적인 정당활동이었다는데 그 의의가 크다.

한국독립당은 산하의 각 전위단체를 통해 활동을 전개하였다. 산하의 부문단체로는 비밀결사인 한인애국단을 비롯하여 상해한인청년당·상해애국부인회·상해한인여자청년동맹·상해한인소년동맹 등이 있었다. 특히 한인애국단을 통한 의열투쟁은 무장 군대가 없는 현실에서 대일항전의 가장 효과적인 방안이었다. 한국독립당이 김구에 위임하여 추진한 한인애국단의 대표적인 의열투쟁으로 이봉창·윤봉길의 거가 있다.

그런데 윤봉길 의사의 홍구공원 의거 이후 한국독립당의 주요 당원들은 각지로 흩어져 당세를 제대로 유지하기 어려웠다. 한국독립당이 성립될 당시의 간부 중에서도 이동녕·엄항섭·안공근·박찬익 등은 김구와 함께 한인애국단 활동에 주력하고 있었다. 안창호·이유필은 이미 체포당하였으며 윤기섭·이시영·조완구·한진교·조상섭 등도 각지에 흩어져 당의 명맥을 유지하기 어려운 실정이었다.

한국독립당은 임시정부의 여당적 성격의 정당이었고 당원들도 주로 임시정부 요인들이었으므로 임시정부의 판공처가 이동함에 따라 한국독립당도 함께 이동하였던 것이다. 결국 항주에는 송병조가 이사장, 김철이 회계, 조소앙이 총무, 양기탁이 이사, 박창세가 특무대장, 그 외 몇 명의 당원이 잔류하여 겨우 명맥을 이어가고 있었다. 이와 같은 상황에서 양기탁은 남경으로부터 이상일·박경순, 상해에서 이중환·이세창·김사집 등을 항주로 불러 한국독립당의 사무소를 마련하고 당 재건에 힘썼다. 항주의 당원으로 특별구를 조직하여 매월 15일과 30일 월 2회씩 당 본부에서 구회를 개최하여 당의 목적 수행을 협의하였다.

항주구 외에도 상해구上海區·남경구南京區 등이 결성되어 각기 해당지역을 중심으로 활동하였다. 북평·남경·광동에는 지부를 설치하고 지부에는 책임자로 간사를 두었다. 또한 당의 기관지로 『진광震光』을 인쇄 배포하였다. 상해에서 『한보韓報』라는 이름으로 간행되던 것을

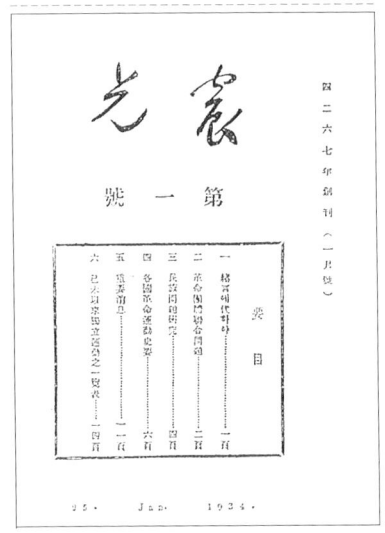

「진광」 국한문판 창간호

『진광』으로 개제한 것이었다. 이세창은 중국 측과 교섭, 이상일은 선전부장으로 『진광』의 한글 원고, 조소앙은 한문 원고를 주로 기초하였다. 국한문본과 한문본으로 구분하여 월간으로 국한문본은 500부, 한문본은 1,000부를 간행하였다. 『진광』 원고 중 한국독립당 명의의 글은 주로 조소앙이 기안하였고 양기탁을 비롯하여 조소앙·김사집·박경순 등이 검토하고 보완한 후 인쇄하였다. 한국독립당은 『진광』 발행 이외에도 『대한민국임시정부 공보』 등 임시정부 관련 문서도 인쇄·배포하였다.

한국독립당은 의열투쟁도 전개하였다. 1934년 3월 3일 특무대장 박창세의 주도로 강병학이 상해의 일본신사에서 개최된 상해사변 전사 일본인 초혼제 식장에 폭탄을 투척한 것이다. 비록 폭탄이 터지지 않아 실

한국독립당 「해소선언」

패로 돌아갔지만 윤봉길의거에 이은 쾌거였다. 이 의거는 박창세가 계획하여 양기탁을 비롯한 조소앙·송병조 등 한국독립당 간부들의 승인을 얻어 추진한 것이었다.

1935년 5월 한국독립당의 간부진 개편 당시 양기탁은 송병조에 이어 새로이 한국독립당의 대표격인 이사장에 선임되었다. 새로운 간부진은 다음과 같다.

　　이사장 : 양기탁(송병조의 후임)
　　이사 겸 재무장 : 문일민(조완구의 후임)

이사 겸 재무위원 : 김사집(박창세의 후임)

　　　이사 : 조소앙, 최석순

　그러나 7월에 민족대당으로 민족혁명당이 결성되자 송병조·차리석 등 임시정부 고수파를 제외하고 양기탁을 비롯한 한국독립당의 간부 대부분이 이에 참여함으로써 한국독립당은 1935년 7월 해체되었다.

민족혁명당에 참여하여 단일대당의 실현을 위해 노력하다

　일제는 1931년 만주사변을 일으킨 후 1932년에는 상해사변을 도발하여 중국에 대한 침략 야욕을 노골적으로 드러내었다. 이에 각 계열의 민족운동 단체 수뇌부들이 남경에 모여 협의한 결과 한국독립당·조선의열단·신한독립당·조선혁명당·대한독립당 등 5개 단체의 지지로 1932년 11월 10일 한국대일전선 통일동맹을 결성하여 재외 한민족 독립운동전선의 통일을 기하게 되었다. 통일동맹에서는 각 민족운동 단체의 대동단결로 대일혁명역량을 강화한다는 견지에서 1934년 3월 재외 각파 민족운동 단체에 대하여 1935년 2월 20일까지 단일 대당大黨결성에 대하여 찬부의견과 대표를 파견하도록 통고를 발송하였다.

　1935년 2월 2일 한국독립당 본부에서 송병조·조소앙·양기탁·김사집·박경순·이세창 등이 회합하여 협의한 결과 이 문제는 당의 존폐와 관계되는 것으로써 한국독립당의 대표대회를 개최하여 입장을 결정하기로 하였다. 그리하여 2월 15일부터 17일까지 3일간에 걸쳐 한국독립당 사무소에서 대표대회를 개최하여 이 문제를 토의하였다. 그런데 한국독립당 내에서도 의견이 갈렸다. 대일전선 통일동맹이 임시정부의 해체를 내세웠으므로 통일동맹에 참여할 것인지의 여부에 대해 각자의 입장이 달랐기 때문이다. 송병조·조완구·차리석 등은 임시정부 사수론을 내세우며 단일 대당 불참가를 주장하였다. 반면 김두봉·강창제·최석순 등은 대당 참가 입장이었다. 양기탁은 조소앙·문일민 등과 함께 중립적인 입장이었다. 즉 일단 대표자를 선출하여 동맹에서 소집하는 혁명단체 대표대회에 출석시켜 그 대회의 정황에 따라 태도를 결정해도 늦지 않다는 생각이었다. 결론이 나지 않자 5월 25일부터 4일간 다시 대표대회를 소집하여 이 문제를 논의하였다.

그 결과 한국대일전선통일동맹의 제안인 '전선을 통일하기 위한 단일대당결성 방안'에 관해 임시정부 존폐문제는 대당결성과 전혀 별개의 사안이므로 이와 분리하여 토의하고 통일동맹의 제안인 대동단결 항일방안에는 찬성하기로 결정하였다. 그리하여 6월 20일 전에 개최할 통일동맹 대표대회 및 6월 20일 개회 예정인 각 혁명단체대표대회에는 한국독립당에서 대표를 파견하여 한국독립당의 수정제안을 적극 통과시키도록 노력하기로 하였다. 대표위원에는 양기탁과 조소앙·김두봉이 선임되었으며, 보좌역에 박창세·최석순이 선출되었다.

마침내 6월 25일부터 7월 4일까지 남경에서 신당 창당을 위한 예비회의가 개최되었다. 양기탁은 이 예비회의에서 위원장을 맡아 신당 창당을 위한 준비절차를 이끌었다. 양기탁이 위원장을 맡은 것은 회의에 참석한 민족운동계의 주도급 인사들이 양기탁의 민족운동 경력과 민족운동 세력의 통합을 위한 지속적인 노력을 인정했기 때문이었을 것이다. 양기탁의 주재로 신당 창당을 위한 준비가 추진되어 마침내 한국독립당·의열단·조선혁명당·신한독립당·대한독립당의 5개 단체와 기타 군소단체 대표자들이 7월 5일 남경에서 신당 결성식을 거행하고 민족혁명당을 창당하였다.

 당 본부는 남경에 두고 중앙기관에 중앙집행위원회와 서기·조직·선전·군사·국민훈련·조사의 각 부문을 두었다. 또 지방에는 만주국을 동만·북만·남만으로, 중국을 화북·화동·화남으로 나누어 각 주요지에 지부를 설치하였고 당원 및 자산은 동년 7월 25일까지 신당에 인계하였다. 한국독립당에서는 김두봉·조소앙·이광제·최석순 등이 신당의 중앙집행위원에 선출되었고, 양기탁은 감찰위원에 선임되었다.

    중앙집행위원회 : 김원봉·김두봉·김규식·지청천·윤기섭·신익희·조소앙·성주식·최동오·김학규·진의로·윤세주 등
    감찰위원 : 양기탁·김창환·이복원·신악·강창제 등
    서기부 부장 : 김원봉
    조직부 부장 : 김두봉
    선전부 부장 : 최동오
    군사부 부장 : 지청천
    국민부 부장 : 김규식
    훈련부 부장 : 윤기섭
    조사부 부장 : 진의로

그러나 오래지 않아 민족혁명당은 또다시 분열되고 말았다. 두 달여 만인 같은 해 9월 조소앙·박창세 등이 민족혁명당 내에서 김원봉이 주도하는 의열단의 전횡에 반발하여 민족혁명당을 탈퇴하고 한국독립당을 재건하였다.

민족혁명당은 각 독립운동 단체를 통합한 대당이었으나 실질적으로는 의열단장 김원봉이 당 서기부장으로 전권을 장악하고 있었다. 김원봉이 중국 국민당의 지원자금을 바탕으로 당내에 자기 세력을 부식하였기 때문이었다. 이에 반발한 지청천이 당중앙위원회에 비상대회 소집을 청원하고 광동지부와 연계하여 김원봉을 견제하려 하였다. 김원봉은 이러한 행동을 문제 삼아 1937년 3월 지청천 등 5명을 무기정권 처분한 데 이어 4월 초순 지청천 등 11명을 제명 처분하였다.

양기탁은 이러한 갈등과정에서 지청천의 입장을 지지하였다. 지청천은 만주의 정의부에서부터 함께 활동하던 동지였다. 그리하여 양기탁은 민족혁명당을 탈당하여 지청천 등과 함께 1937년 4월 하순 남경에서 새로이 조선혁명당을 창당하였다. 조선혁명당의 중앙위원에는 양기탁을 비롯하여 지청천·최동오·유동열·이광제·박창세·현익철·김학규·이운한·강창제가 선임되었다. 또한 중앙상무위원에는 지청천·최동오·박

김원봉

지청천

창세·강창제·이광제 등 5명이 임명되었다. 조선혁명당은 진용을 정비한 후 한족항일동지회와 만주의 조선혁명당 등과 연계하여 위상 강화에 노력하였다. 이후 김구가 주도하는 한국광복운동단체연합회에 합류하여 민족주의 계열 독립운동 단체의 통합운동에 동참하였다.

평생에 걸친 민족운동의 여정을 접다

1937년 7월 7일 일제는 중국 침략의 야욕으로 노구교사건을 일으켰고 이는 중일전쟁으로 확대되면서 중국 전역은 전운이 뒤덮게 되었다. 민족혁명당 창당으로 의욕 차게 시작했던 민족대당 결성운동도 여의치 않았고 임시정부도 피난생활을 계속하게 되었다. 더욱이 중일전쟁의 발발로 장래는 한 치 앞도 알 수 없는 상황이었다. 몸도 지칠 대로 지친 상태였다. 그의 나이 이미 67세였다. 양기탁은 더 이상 활동을 지속할 수 없었다. 평생을 민족운동에 바친 노혁명가는 만주에서 이루지 못한 민족대당을 남경에서 성취시키려 하였으나 이 역시 실패하자 크게 실망하였을 것이다.

그는 노구를 이끌고 강소성 표양 고당암에 들어갔다. 이제 그가 할 수 있는 것은 통천교의 교리대로 정신을 통일하고 닦는 일뿐이었다. 그는 고당암에서 도를 연구하다가 1938년 4월 19일 그렇게 바라던 조국 광복을 보지 못한 채 평생에 걸친 민족운동의 여정을 접고 서거하였다. 서거 소식을 전한 중국인 임한정의 엽서에 의하면 사인은 화병이었다고 한다. 끝내 이루지 못한 조국 광복의 한이 화병이 되었을 것이다. 국내

양기탁이 친필로 기록한 여행경비내역(1937년)

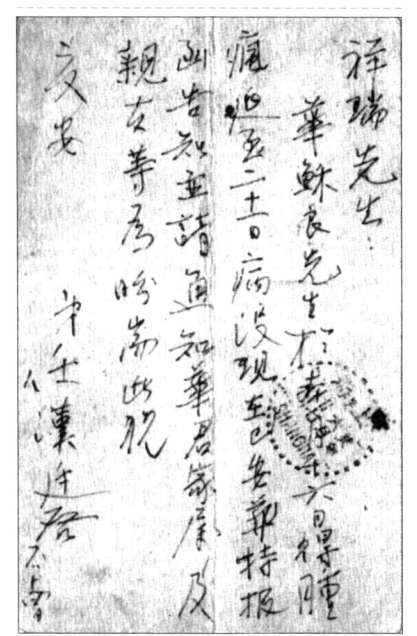

양기탁 서거 통보 엽서

에 거주하던 아들 양효손도 그의 생사를 모르던 중 광복 후 김구가 귀국하여 양기탁의 사망과 무덤의 장소를 알려주었다고 한다.

양기탁은 우리 민족의 운명을 좌우했던 격동의 한말, 당대 최고의 계몽운동가였다. 독립협회와 만민공동회에서 시작된 그의 활동은 이후 10여 년간 종횡무진으로 이어졌다. 이 시기 그의 활동분야는 계몽운동의 거의 전 분야에 망라되었다고 해도 과언이 아니다. 『대한매일신보』의 언론활동, 전 국민적인 국채보상운동과 국내에서 최초로 공화주의를 표방한 비밀결사 신민회 등 계몽운동의 큰 줄기를 이루는 활동은 대부분 그에 의해 주도되었다. 그 외에도 대한자강회·국문연구회·학회활동 등 그의 손길이 미치지 않은 곳이 없었다. 그는 계몽운동의 거의 모든 분야에서 전방위적인 활동을 전개했다. 30대 중·후반의 나이에 지칠 줄 모르는 애국 열정과 활동 역량을 발휘한 것이다. 따라서 한말부터 활동한 김구·이승만·안창호·이동녕·이동휘·이상룡 등 민족운동의 1세대 중에서도 그의 위상은 우뚝한 것이었다. 당시 가장 많은 발행 부수를 자랑하며 대중적인 지지를 얻고 있던 『대한매일신보』의 필봉을 주도하였으므로 그에 대한 민중들의 신망도 매우 컸다.

　더욱이 그는 민족운동의 1세대 운동가로서는 드물게 오랜 옥고를 치렀다. 그는 만민공동회와 국채보상운동을 비롯하여 신민회 활동 등으로 1910년대까지 수차례에 걸쳐 6년여의 옥고를 치렀다. 특히 신민회 활동의 일환으로 독립운동기지 개척을 주도하다가 체포되어 수년간 옥고를 치르고 1915년에야 풀려났다. 그는 일제가 서북지방의 주요인사와 신민회원들을 탄압하기 위해 조작한 소위 105인사건의 관련자들이 대부분 무죄 방면되었음에도 불구하고 실형을 받은 6명 중의 한 명이었다. 일제 식민지 초기 최대의 옥사獄事였던 105인사건의 상징적인 인물이었던 것이다. 105인사건으로 실형은 받은 윤치호 등이 이후 변절하여 민족운동 전선에서 멀어진 것과 비교된다 하겠다.

　오랜 투옥생활도 민족독립을 향한 그의 열망을 꺾지는 못하였다. 한말부터 시작된 그의 민족운동은 1910년대에도 끊임없이 계속되었다. 1915년 출옥하자마자 만주로 망명하여 대한광복회의 의열투쟁을 지도하는가 하면 부민단 등 독립운동 단체의 활동을 주도하였다. 신민회 동지들을 재규합하여 독립운동 단체의 통합을 모색하기도 하였다. 노령에서는 한인사회당 결성에 참여하였고 만주지역 동포들의 생활안정에도 힘썼다.

　1920년대 초 만주지역 독립운동 단체에서 그의 망명을 추진했던 사실만으로도 민족운동계에서 그의 위상을 짐작할 수 있다. 1920년대 망명 이후에는 민족운동계의 신망있는 원로로서 만주지역 독립운동 단체를 지도하며 통합운동을 이끌었다. 사실 만주지역의 독립군 통합조직인 통군부·통의부·정의부의 결성은 그의 지도에 힘입은 바가 컸다. 정이형의 회고나 편강렬의 진술에서 보듯이 양기탁은 만주지역 독립운동계의 정신적인 지도자였다. 1920년대 중반에는 고려혁명당 결성을 주도하며 위원장으로 활동하였다. 1920년대 만주에서 활동하면서도 그는 반대파에 의해 구타당해 목숨이 위태로운 지경에 처하는가 하면 중국 관헌에 수차례 체포되어 투옥되는 등 많은 시련을 이겨냈다.

1930년대에는 중국 관내로 이동하여 한국독립당과 임시정부에 참여하여 임시정부의 주석과 한국독립당의 이사장 등을 역임하며 정부를 중심으로 한 활동에 주력하였다. 1935년 민족대당인 민족혁명당이 결성될 때에는 예비회의의 위원장으로 창당활동을 주도하였다.

이렇듯 그는 민족운동을 위해 끊임없이 자신을 변화시켜갔다. 노년에 새로운 생각을 수용하기란 쉽지 않은 일일 터이나, 그는 만주로 망명한 1920년대에 이미 50세가 넘은 나이임에도 새로운 사조를 받아들이는데 주저하지 않았다. 고려혁명당의 결성을 주도하고 위원장으로 활동한 것이 그 대표적인 예이다. 그 변화의 핵심은 민족운동 세력의 통합이었다. 60세가 넘어서까지 그칠 줄 몰랐던 그의 열망은 민족운동 단체가 대동단결하여 일제에 항쟁함으로써 광복을 쟁취하는 것이었다. 이를 위해 자신의 외아들까지 서슴없이 동원하였다. 또한 그는 만주지역 동포들의 생활안정을 통한 독립운동 기반형성에 노심초사하였다. 동포들의 생활기반 위에 독립군을 양성하여 독립운동을 전개한다는 것은 한말 신민회를 주도하던 당시부터 그의 지론이었다. 이는 만주로 망명한 1920년대에도 변함없이 추진된 그의 활동의 중요한 방략이었다.

양기탁 선생 유해 봉환 후 현충원 안장식 광경

그는 한말 계몽운동에서 시작하여 의열투쟁과 독립군 활동 그리고 독립운동 정당과 임시정부 활동 등 우리 독립운동사의 큰 줄기를 이룬 운동을 앞장서 이끈 선도자였다. 그는 조국 광복을 보지 못하고 이국땅에서 서거하였지만, 40여 년에 걸친 그의 노력은 7년 후 마침내 조국 광복으로 결실을 맺었다. 그의 유해는 1998년 중국에서 봉환되어 서울현충원 임시정부요인 묘역에 안장되었다.

양기탁의 삶과 자취

1871. 4. 2	평남 평양 소천에서 양시영의 장남으로 출생
	본관은 남원 자는 자명, 아명은 의종, 호는 양기탁
	본적은 평남 강서군 쌍용면 신경리
1877~1885	동네 사저에서 한학을 수학
1886	상경하여 한성외국어학교에서 약 6개월간 영어를 배움
	이후 독학으로 영어 공부
	서울에 거주하며 스승 나현태에게 사사하고 동학에도 참여
1895	부친과 함께 원산에서 게일의 『한영사전』 편찬을 도움
	일본 나가사키로 건너감
1896. 5~1897. 5	일본 나가사키 상업학교에서 한국어 교사로 재직
1897. 5	귀국하여 독립협회에서 총무급의 직책
1899. 1	만민공동회의 시위운동을 주도한 혐의로 경무청에 구속되었다가 풀려남
1901	사전주조 혐의로 체포되어 태형 100도와 종신징역에 처해짐
1902	비밀결사 개혁당의 당원으로 선정
1902. 9	감옥에서 학교를 개설하여 죄수들을 교육
1903. 3	출옥하여 한성전기회사에 사무원으로 근무
1904. 3	한성전기회사 기술고문관 뮐렌스테트의 소개로 영국인

	베델을 만나 통역 담당
3	궁내부 예식원에 번역관보로 임명
7	베델과 함께 『대한매일신보』와 영문지 『코리아 데일리 뉴스』 창간
1905. 3	예식원 주사로 승진
11	예식원 사퇴
1906	대한자강회·서우학회·서북학회 등에 회원이 됨
1907. 2	최익현 추모 기념으로 광무사를 조직하고 철도회수를 위한 기부금 모금
	국문연구회 연구원 역임
1907. 2. 21	『대한매일신보』에 국채보상취지서를 게재하여 전국적 운동으로 확산
4. 8	국채보상지원금총합소를 대한매일신보사 내에 설치하고 검사원에 선임
4	안창호·이동휘·전덕기·이동녕·이갑·유동열 등과 신민회를 조직하고 총감독에 선임
10	베델이 주한영국영사관 재판에서 벌금 300파운드와 6개월 근신형에 처해짐
1908. 6	베델이 주한영국영사관에서 개최된 고등재판에서 3주간의 감금형과 6개월 근신형에 처해져 6월 20일 상해로 이감
7. 12	소위 국채보상의연금 횡령 혐의로 구속 기소
9. 25	국채보상의연금 횡령 관련 재판에서 무죄 판결을 받아 석방
1909(봄)	양기탁의 집에서 신민회 간부들 비밀회의를 개최하고

		독립운동 기지개척을 논의
	5	베델 사망
1910. 3		신민회 간부회의에서 만주망명 결정
	4	안창호·이갑·유동열·신채호 등 신민회원 일부 망명
	5	베델의 후임으로 대한매일신보사장에 재직하던 만함이 한국을 떠남
	9	신민회 회원 이동녕·이회영·장유순·이관직 망명
	12	신민회 간부회의 개최. 만주에 독립운동 기지 건설을 위해 군자금 모집 방안 등 협의
1911. 3		만주로 망명한 신민회원들이 서간도 유하현 삼원보에 독립운동기지를 마련. 자치기관 경학사 설치. 독립군 장교 양성기관으로 신흥강습소 설치
		장남 효손 태어남
	7	독립운동 기지개척 활동으로 체포되어 징역 2년형을 받음
	9	105인사건으로 신민회원이 대거 검거되어 신민회 해체
1913. 7		105인사건으로 징역 6년형 선고
1915. 2. 13		일본 소헌왕태후의 대상에 따른 특사로 감형되어 출옥
1915		출옥 후 모종의 민족운동을 추진하였으나 일제에 발각되어 중국으로 망명
1915. 12		중국 북경을 경유하여 봉천성 유하현 고산자로 이주
1915. 12, 1916. 7		중국 봉천성 안동현에서 대한광복회 총사령 박상진을 만나 의열투쟁의 방략 등을 지도
1916(봄)		모친을 비롯한 가족들이 만주로 이주하여 양기탁과 합류. 중국 봉천성 유하현에서 부민단을 지도하고 신민회

		를 중심으로 독립운동 단체의 통합을 모색
1917. 10		박은식·신규식·신채호·박용만 등과 비밀결사 대한보국단 결성 후 동지규합 중이라는 설이 나돔
	12. 8	노령 『한인신보』 편집인으로 취임하기 위해 블라디보스톡 신한촌에 도착
	12. 10	이동휘·김치보·김하구·남공선·김창환 등 노령 블라디보스톡의 주요인사 48명이 양기탁 환영회를 개최
	12	오주혁·정안립 등과 만주지역 동포들의 생활안정을 위해 동성한족생계회를 조직
1918. 3		노령 하바로프스크에서 개최된 한인정치망명자대회에 서간도지역을 대표하여 이동녕과 함께 참석
	5. 11	한인사회당 결성에 참여하고, 이후 백서농장의 군인들을 하바로프스크로 파견
	7	중국 길림성 동녕현 소수분 팔리평으로 이주하여 독립군 군사훈련을 실시
	8	중국인 주사형 등과 함께 '고려국' 건립계획을 추진하여 동지 규합 등 활동
	12	천진에서 상해 행을 준비하던 중 일본경찰에 체포
	12	국내로 압송되어 중국 거류금지 3년 처분을 받고 고금도로 유배
	12	고금도 유배가 풀려 서울에 옴. 계동 이교담의 집에 투숙
1920. 4		동아일보 창간과 함께 고문 겸 편집감독에 추대
	5	통천교를 창시
	8. 14	중국 상해의 안창호와 연계하여 미국의원단 내한 시 「독립청원서」 제출을 추진하다 체포되어 종로경찰서에

	구인
8. 28	모친 장씨 사망
8. 29	모친 장례식 참석의 명목으로 방면
1920. 8. 31	계동 자택에서 발인. 이태원 공동묘지에 안장
1921. 5	대한민국임시정부 대통령 설이 언론에 보도되어 세간의 관심을 받음
9	미국에서 개최되는 태평양회의에 보내는 「한국인민 대표들의 청원서」에 이상재와 함께 국민공회 대표로 서명
	장녀 태어남
1922. 1	광복군총영 총영장 오동진의 지시를 받은 이관린·장철호 등의 주선으로 만주로 망명
	만주지역 독립군 조직의 통합을 역설
1922. 2	서로군정서·대한독립단·벽창의용대·광복군총영·평북독판부·보합단·광한단 등의 단체가 통합하여 통군부를 조직
	만주지역 독립운동 단체의 완전한 통합을 역설하며 남만한족통일회를 조직
5. 25	봉천성 환인현에서 조직된 국민대표회 남만촉성회의 회장에 선임되어 중국 관내지역과 연계하여 국민대표회 개최를 추진
8. 2	봉천성 환인현 마권자에서 각 지역 독립단의 주도 인사들에게 독립운동 단체의 통합을 위한 긴급회의를 개최한다는 통지를 보냄
8. 23	봉천성 환인현 마권자에서 통군부·서로군정서·대한독립단·관전동로한교민단·대한광복군영·대한정의군

	영·대한광복군총영·평북독판부와 각 지역 단체 등 8단 9회의 인사 71명이 모여 독립군단 통합 방안을 협의
8. 30	통의부 결성. 양기탁은 통의부의 최고 고문으로 활동
10. 14	복벽주의 계열의 전덕원파 병사들의 습격으로 통의부 주요간부 현정경·고활신 등과 함께 구타당해 부상
1923	중국 길림성 관전현을 떠나 길림으로 이주
	차녀 태어남
8	잡륜에서 편강렬·승진 등과 의성단을 조직하고 단장에 편강렬을 선임. 양기탁은 고문으로 추대
11	회덕현 오가둔 한인농장에서 이주 한인의 자제교육과 수전사업(쌀 농사) 경영을 위해 사전조사 실시
1924. 1	안창호와 연락하여 만주지역의 토지매입 가능성을 모색
	길림에서 손정도를 비롯하여 오동진·현정경·고활신 등 통의부 주요인사들과 재만한인의 교육진흥과 생활향상을 목적으로 동우회를 조직
	길림에서 남만지역 독립군 조직의 통합을 위해 남만통일발기주비회를 개최
3	이장녕·지청천·손일민 등을 설득하여 전만통일회의 주비회를 결성
7. 10	길림에서 양기탁의 주도로 전만통일회의 주비발기회를 개최하여 전만통일회 발기문을 선포
11. 24	대한통의부·대한광정단·서로군정서·길림주민회·노동친목회·의성단·잡륜자치회·고본계 등 8개 단체가 통합하여 정의부 결성. 양기탁은 정의부 최고고문으로 활동
12	손정도·배형식 등과 함께 이주 한인의 생활향상을 목적

	으로 농업회사 설립을 위한 「만주농업사 취지서」 발표
1925	지청천과 함께 정의부와 참의부의 통합을 위한 교섭위원에 임명되어 유하현 삼원보에서 참의부 측과 교섭
5. 25	유하현 삼원보에서 정의부·신민부의 주요 간부들과 임시정부 파견원의 회의를 주선하여 대한민국임시정부 참여 방안 등을 논의
7	귀화한 한인의 자위책 마련을 길림성장과 교섭하여 귀화선인생계회를 조직
8. 2	양기탁·김이대·고활신 3명이 임시정부 내각개조 활동을 위해 상해로 출발했다는 일제 정보보고
	동우사의 기관지 『동우』의 사장으로 독립운동 방안, 일제 침략상 등을 게재하며 항일 언론활동
1926. 2. 18	대한민국 임시의정원에서 임시정부 국무령에 선출되었으나 취임하지 않아 4월 23일 선임이 취소
4. 5	길림에서 천도교연합회·형평사·정의부 주요 인사들과 고려혁명당을 조직하고 위원장에 선임
12. 7	중국 길림성 반석에서 민족운동가의 가족 후원을 목적으로 조선혁명자후원회 조직
1927	안창호 등과 농장 경영을 위한 강연회 개최 후 중국 경찰에 체포되어 21일만에 석방
4. 1	안창호·김동삼·이탁·오동진 등과 이주 한인의 집단농장 경영을 목적으로 농민호조사를 결성
8. 22~24	아성현 취원창에서 고려혁명당 세포연합대회를 개최하고 조직 재정비
4	흑룡강성 동흥현 십이허 소재 농장에서 동포들의 생활안

9	정 방안을 강구하다 중국 관헌에 체포되어 5월 29일 방면 흑룡강성에서 길림으로 귀환하여 국민부의 김동삼 등과 한족총연합회와의 합동을 추진하였으나 실패
12	상해로 이주
	안창호·이동녕 등과 국민부·한족총연합회의 주요 인사들과 대단일당 결성을 추진
	안창호·이동녕·김구·조소앙 등과 함께 만주지역 한인 문제 해결을 위해 남경 국민당 정부에 여러 차례 교섭 시도
1931. 2	안창호·김규식 등과 남양반도 보르네오 섬에 동포들의 집단 이주계획 추진
1932	중국 강소성 표양현 서운사에 들어가 도를 연구
1933. 10. 4	상해로 귀환하여 임시정부의 부흥을 위해 노력
	직접 항주·가흥·남경·진강의 동지들을 방문하고 각지의 주요 인사들에게 김홍서·문일민 등을 파견하여 임시정부 요인들의 재규합을 위해 노력
12. 30	진강에서 개최된 임시의정원 정기회의에서 임시정부 국무원을 새로 구성하고 국무위원에 선임
1934. 1. 20	진강에서 개최된 제1회 국무회의에서 임시정부 주석에 선임됨
1. 22	가흥에 은신 중인 김구를 방문하여 향후의 운동 방안 등을 협의
1	상해 교민단의 위원장에 김홍령을 선임하고 고문으로 재건을 위해 노력
3. 11	1933년말부터 일본 동경의 중앙대학에 재학 중인 아들

	효손에게 투사를 물색하여 파견할 것을 지시하여 양효손이 이를 추진하던 중 체포
4	국무회의 규정·외무부행서규정·재무부행서규정 등을 제정하여 임시정부 조직 정비
11. 2	겸임하던 군무장 직을 사임하고 후임에 유동열을 선임
	한국독립당의 이사로서 항주에 사무소를 마련하고 남경·상해 등지에서 청년동지들을 규합하여 당의 재건을 위해 노력
	한국독립당의 기관지인 『진광』의 발간에 참여
1935. 4. 27	임시정부 국무위원 사임원 제출. 10월 22일 임시의정원 회의에서 수리
5	한국독립당의 간부진 개편 당시 송병조의 후임으로 이사장에 선임
6. 20	한국대일전선통일동맹이 주최한 혁명단체대표대회에 조소앙·김두봉과 함께 한국독립당 대표로 참석
6. 25~7. 4	남경에서 개최된 민족 단일대당 창당을 위한 예비회의에서 위원장을 맡아 준비절차를 이끔
7. 5	남경에서 한국독립당·의열단·조선혁명당·신한독립당·대한독립당과 기타 군소 단체 대표들이 민족혁명당을 창당. 양기탁은 감찰위원에 선출
1937. 4	김원봉의 전횡에 반대하여 민족혁명당을 탈당하고 남경에서 지청천 등과 조선혁명당을 창당. 중앙위원에 선출 중일전쟁 발발 이후 강소성 표양 고당암에 들어가 도를 연구
1938. 4. 19	강소성 표양 고당암에서 민족독립을 보지 못하고 서거

참고문헌

자료

- 『가뎡잡지』, 『대한매일신보』, 『대한자강회월보』, 『대한흥학보』, 『독립신문』 (상해판), 『동아일보』, 『서북학회월보』, 『서우』, 『서울』, 『신생』, 『신한민보』, 『조선일보』, 『중외일보』, 『황성신문』
- 『구한국관보』, 1895~1905.
- 우강 양기탁선생전집편찬위원회 편, 『우강 양기탁 전집』, 동방미디어, 2002.
- 경상북도경찰부 편(류시중, 박병원, 김희곤 역주), 『국역 고등경찰요사』, 선인, 2010.
- 吉川文太郎, 朝鮮諸宗敎, 朝鮮興文會, 1922
- 국가보훈처 편, 『독립군의 수기』, 1995.
- 국가보훈처 편, 『쌍공 정이형회고록』, 1995.
- 국사편찬위원회, 『한국독립운동사』 3~5, 1968.
- 국사편찬위원회, 『대한민국임시정부자료집』 6~8, 33~38.
- 국회도서관, 『한국민족운동사료』(중국편), 1976.
- 김구, 『백범일지』, 돌베개, 1997.
- 김정명, 『조선독립운동』, 原書房, 1967.
- 김정주 편, 『조선통치사료』, 한국사료연구소, 1970.
- 독립운동사편찬위원회, 『독립운동사자료집』 1~14.
- 사회문제조사연구소 편, 『사상정세시찰보고집』, 동양문화사, 1976.
- 안동독립운동기념관, 『국역 석주유고』 상·하, 경인문화사, 2008.
- 조선총독부 고등법원검사국사상부, 『사상월보』, 고려서림, 1987.
- 한국독립운동사연구소, 『대한민국임시정부공보』, 2004.

- 한국출판문화원, 『일본의 한국침략사료총서』, 1990.

저서

- 강만길, 『조선민족혁명당과 통일전선』, 화평사, 1991.
- 김승학, 『한국독립사』, 독립문화사, 1965.
- 김영범, 『한국 근대민족운동과 의열단』, 창작과 비평사, 1997.
- 김준엽·김창순, 『한국공산주의운동사』 1~5, 청계연구소, 1986.
- 김필자, 『우강 양기탁의 민족운동』, 지구문화사, 1988.
- 김희곤, 『중국관내 한국독립운동단체 연구』, 지식산업사, 1995.
- 대구상공회의소, 『국채보상운동사』, 1997.
- 독립운동사편찬위원회, 『독립운동사』 1~10.
- 박영랑·김순근·구기운 공저, 『독립혈사』 1~2, 서울문화정보사, 1950.
- 박영석, 『일제하 독립운동사연구 – 만주노령지역을 중심으로』, 일조각, 1984.
- 박영석, 『재만한인독립운동사연구』, 일조각, 1988.
- 박환, 『만주 한인민족운동사연구』, 일조각, 1991.
- 박환, 『러시아지역 한인언론과 민족운동』, 경인문화사, 2008.
- 반병률, 『성재 이동휘일대기』, 범우사, 1998.
- 서굉일·동암 편저, 『간도사신론』 하, 우리들의 편지사, 1993.
- 서중석, 『신흥무관학교와 망명자들』, 역사비평사, 2001.
- 선우훈, 『민족의 수난』, 독립정신보급회, 1954.
- 신동아편집실, 『한국근대인물백인집』, 1979.
- 신용하, 『한국민족독립운동사연구』, 을유문화사, 1985.
- 신용하·오두환·조항래·박용옥·정진석, 『일제경제침략과 국채보상운동』, 아세아문화사, 1994.
- 신용하, 『독립협회 연구』, 일조각, 1980.
- 신재홍, 『독립전쟁사』, 한국독립운동연구소, 1991.

- 신주백, 『만주지역 한인의 민족운동사』, 아세아문화사, 1999.
- 애국동지원호회, 『한국독립운동사』, 1956.
- 염인호, 『김원봉 연구 – 의열단, 민족혁명당 40년사』, 창작과 비평사, 1992.
- 유광열, 『기자 반세기』, 서문당, 1969.
- 유영렬, 『애국계몽운동Ⅰ– 한국독립운동의 역사 12』, 한국독립운동사편찬위원회, 2007.
- 유자후, 『이준선생전』, 동방문화사, 1947.
- 윤경로, 『105인사건과 신민회연구』, 일지사, 1990.
- 윤병석, 『국외한인사회와 민족운동』, 일조각, 1990.
- 윤병석, 『독립군사』, 지식산업사, 1990.
- 윤병석, 『1910년대 국외항일운동Ⅰ– 만주·러시아 – 한국독립운동의 역사 16』, 한국독립운동사편찬위원회, 2009.
- 이선준, 『일성 이준열사』, 세운문화사, 1973.
- 이현주, 『1920년대 재중항일세력의 통일운동 – 한국독립운동의 역사 47』, 한국독립운동사편찬위원회, 2009.
- 정진석, 『대한매일신보와 배설』, 나남, 1987.
- 조동걸, 『한국민족주의의 성립과 독립운동사연구』, 지식산업사, 1989.
- 조항래 편, 『국채보상운동사』, 아세아문화사, 2007.
- 지복영, 『역사의 수레를 끌고 밀며』, 문학과 지성사, 1995.
- 채근식, 『무장독립운동비사』, 대한민국공보처, 1949.
- 채영국, 『한민족의 만주독립운동과 정의부』, 국학자료원, 2000.
- 채영국, 『1920년대후반 만주지역 항일무장투쟁 – 한국독립운동의 역사 50』, 한국독립운동사편찬위원회, 2007.
- 최기영, 『대한제국시기 신문연구』, 일조각, 1991.
- 최기영, 『한국근대계몽운동연구』, 일조각, 1997.
- 최기영, 『애국계몽운동Ⅱ– 문화운동 – 한국독립운동의 역사 13』, 한국독립운동사편찬위원회, 2009.

- 최형우, 『재외조선혁명운동소사』 1, 동방문화사, 1945.
- 한국신문연구소, 『한국언론인물지』, 고려서적주식회사, 1981.
- 한국신문연구소, 『역사의 인물』Ⅱ, 일조각, 1979.
- 한국현대사편찬위원회, 『한국현대사』, 신구문화사, 1969.
- 한국독립유공자협회 엮음, 『중국동북지역 한국독립운동사』, 집문당, 1997.
- 한국언론사연구회 편, 『대한매일신보연구』, 커뮤니케이션북스, 2004.
- 한상도, 『한국독립운동과 국제환경』, 한울, 2000.
- 황민호, 『재만한인사회와 민족운동』, 국학자료원, 1998.

논문

- 김병기, 「참의부 연구」, 단국대 박사학위논문, 2005.
- 박걸순, 「대한통의부연구」, 『한국독립운동사연구』 4, 한국독립운동사연구소, 1990.
- 박환, 「정이형(1897~1956) 연구」, 『한국민족운동사연구』 2, 우송조동걸선생정년기념논총 간행위원회, 1997.
- 변승웅, 「정의부」, 『한민족독립운동사』 4, 국사편찬위원회, 1988.
- 오영섭, 「조선광문회 연구」, 『한국사학사학보』 3, 한국사학사학회, 2001.
- 유준기, 「참의부」, 『한민족독립운동사』 4, 국사편찬위원회, 1988.
- 윤경로, 「양기탁과 민족운동」, 『국사관논총』 10, 국사편찬위원회, 1989.
- 윤경로, 「민족수난기 안창호와 양기탁의 민족운동과 동지애」, 『도산사상연구』 8, 도산사상연구회, 2002.
- 윤병석, 「참의·정의·신민부의 성립과정」, 『백산학보』 7, 백산학회, 1969.
- 윤상원, 「러시아지역 한인의 항일무장투쟁연구(1918~1922)」, 고려대 박사학위논문, 2009.
- 윤휘탁, 「1920~30년대 만주 중부지역의 농촌사회구성」, 『박영석교수화갑기념논총』 하, 1992.
- 이균영, 「해방의 땅 소안도」, 『사회와 사상』, 1989년 9월호.

- 이성우, 「광복회연구」, 충남대 박사학위논문, 2007.
- 정관, 「대한자강회월보에 관한 일고찰」, 『역사교육논집』 1, 1980.
- 정원옥, 「재만 정의부의 항일독립운동」, 『한국사연구』 34, 1981.
- 조규태, 「북경 군사통일회의의 조직과 활동」, 『한국독립운동사연구』 23, 한국독립운동사연구소, 2000.
- 조동걸, 「대한광복회 연구」, 『한국사연구』 42, 1983.
- 조철행, 「국민대표회 전후 민족운동 최고기관 조직론 연구」, 고려대 박사학위논문, 2010.
- 조항래, 「한말민족지의 항일언론연구」, 『아세아학보』 13, 1979.
- 최홍빈, 「20세기초 중국동북지방에서의 반일민족독립운동」, 『국사관논총』 15, 국사편찬위원회, 1990.
- 한상도, 「통의부」, 『한민족독립운동사』 4, 국사편찬위원회, 1988.
- 황유복, 「정의부연구」 상, 『국사관논총』 15, 국사편찬위원회, 1990.

찾아보기

ㄱ

『가명잡지』 58, 59
갑신정변 15
강창제 191, 193
거문도사건 15
게일 13, 26
경학사 145, 159
고려혁명당 112, 115, 161, 167, 171, 198
고려혁명당원 165
고성삼 94
고활신 118, 122, 134, 151, 161, 164, 169
곽도성 129
곽종욱 161, 164
관전동로한교민단 117
관전현 119
광무사 56, 58
광문사 51
광복군총영 111, 115, 128
광복단 144
광정단 144
광한단 115
광혜원 13
교민단 178

국문연구소 56, 58
국문연구회 58, 196
국민대표회 남만촉성회 127
국민대표회기성회 127
국민부 172
국채보상운동 51, 53, 196
권상석 87
『권업신문』 89
권영만 87
귀화선인생계회 157
기독교청년회 64
김 알렉산드라 뻬뜨로비치 95
김관성 168
김광제 51
김광희 161
김구 64, 65, 70, 72, 185
김규면 94
김규식 138, 164, 173, 178, 184
김기백 134
김기전 140
김대락 163
김덕창 129
김도희 70, 71, 72
김동삼 79, 86, 118, 126, 138, 142, 151, 157, 163, 173
김두봉 191

215

김립   94
김만겸   125
김문영   146
김봉국   161, 164
김사집   187
김상덕   169
김선학   129
김성무   94
김성수   23
김승만   117, 118, 128
김약연   98
김양훈   169
김연준   128
김연태   129
김영철   108
김용환   94
김원봉   193
김원상   122, 128
김원식   151
김유성   128
김의섭   129
김이대   134, 151, 157, 173
김인근   110
김정제   139
김종   94
김좌진   86, 138, 164, 173
김진우   87
김창의   122
김창환   118, 119, 145
김철   178, 183, 187
김최명   108
김치보   89
김하구   94

김학규   193
김학만   89
김형식   138
김호   140
김홍량   72
김홍령   178
김홍서   177, 178, 185
김희선   65, 69

ㄴ

나현태   15
남만청년총동맹   169
남만촉성회   128
남만통일발기주비회   139
남만한족통일회   116
남방광동군   99
노구교사건   194
노백린   65, 125

ㄷ

「대동단결선언」   84, 85
『대동민보』   148
대일전선통일동맹   184
대진단   144
대한광복군영   117, 144
대한광복군총영   117, 144
대한광복회   86, 197
「대한국어문법」   58
대한독립군비단   144
대한독립단   115, 117, 144, 190, 192
『대한매일신보』   15, 16, 21, 37, 39,

45, 49, 53, 70, 103, 196
대한민국임시정부 159
대한의군부 122
대한자강회 56, 57, 196
대한정의군영 117
대한통군부 115, 116
데라우치 마사타케 72
독립단 128
『독립신문』 38, 120
독립협회 27, 28, 29, 30, 196
동성한족생계회 98, 99
동아개진교육회 47
『동아일보』 19, 102
『동우』 136
동우회 134, 135, 136

ㅁ

만민공동회 29, 30, 196
만주농업사 156
만주사변 190
만철병원 131
맹보순 99
맹철호 128
문동승 128
문병무 145
문일민 108, 178, 191
문창범 125
묄렌스테트 34, 39
민영환 31, 46
민족혁명당 190, 192, 193, 194

ㅂ

박경순 187
박경종 167
박근식 169
박상진 86
박성준 140
박시창 19
박애 94
박영대 129
박영우 128
박용만 85, 113
박은식 43, 58, 64, 85, 103
박응백 122
박찬익 185, 187
박창세 187, 193
박태열 108
박태주 146
배열택 151
백규형 129
백남준 134
백서농장 93, 94
백시관 117
105인사건 72, 74, 197
베델 16, 38, 49, 54
벽창의용대 115
변대우 117
별동도제공 20
보르네오 섬 173, 174
보합단 115
부민단 145, 159, 197
북로군정서 138
블라디보스토크 90, 162

217

ㅅ

삼균주의　186
상동교회　64
상동청년학원　64
상해사변　190
상해애국부인회　187
상해한인소년동맹　187
상해한인여자청년동맹　187
상해한인청년당　187
서로군정서　115, 117, 128, 138, 145
서분　20
서상돈　51
『서우』　60, 61
서우순　87
서우학회　56
선우혁　185
성주식　178
손일민　139
손정도　134, 135, 157
송병조　178, 183, 184, 187, 189, 190, 191
송병준　47
송한석　169
승진　129, 134, 140, 167
신규식　84, 85
신기선　47
신민부　151, 159, 172
신민회　63, 65, 66, 70, 74, 76, 79, 82, 185, 196, 197
『신생』　23
신숙　113, 139
신언갑　118
신익희　178
신채호　43, 64, 85, 86, 103
신한독립당　190, 192
『신화민보』　148
신흥무관학교　78, 94
심백원　94
심의성　58

ㅇ

안경신　108
안공근　187
안명근　71, 72
안명근사건　71
안악사건　71
안정근　95
안창호　63~65, 68, 79, 80, 84, 98, 127, 154, 157, 173, 176, 185, 187
안태국　64, 70, 71, 74
알렌　13
『야고』　136
양규열　118, 145
『양의사합전』　48
양한묵　56
양효손　181
엄항섭　187
여준　98, 126
영일동맹　35
예식원　35
오덕림　139
오동진　107, 111, 115, 118, 134, 157, 161, 164
오바실리　95

오성묵　94
오영선　150
오하묵　95
오희문　110
옥관빈　64, 66
왕삼덕　134
우덕선　108
우재룡　87
유광렬　19
유근　19
유동열　64, 65, 69, 94, 96, 125, 164, 167, 184, 193
유병필　58
유봉영　18, 19
유스테판　95
유인석　69, 122
유일선　58
육군주만참의부　121, 123, 133
윤각　140
윤기섭　178, 187
윤능효　89
윤덕보　134, 140
윤목산　151
윤봉길　175, 180
윤세복　138
윤치호　64, 197
윤해　139
윤효정　58
의군부　121
의성단　129, 133, 139
의열단　192
이갑　57, 64, 65, 68
이관구　86

이관린　70, 111, 115
이광민　140
이광제　193
이규풍　161, 164, 165, 168
이능화　58
이동구　161, 164
이동녕　64, 68, 70, 79, 94, 95, 173, 185, 187
이동락　161, 165, 166
이동휘　64, 65, 69, 94
이병기　118
이상룡　79, 86, 138, 159, 163
이상일　187
이상재　33, 57, 64
이성계　161
이세창　187
이수봉　178
이승만　125, 178
이승훈　64, 70
이시영　125, 185, 187
이영식　118
이욱　140
이운한　193
이웅해　117, 118
이원해　94
이유필　150, 159, 185, 187
이인섭　94
이일심　161, 167
이장녕　139, 140
이종건　140
이종일　58
이종호　64
이준　31, 56, 64

219

이중환 187
이진산 126, 138, 140
이천민 118
이탁 65, 107, 126, 157, 185
이태익 128
이학필 108
이한영 94
이회영 69, 70
일진회 47
임득산 128
임용일 108
임치정 64, 66, 71, 72
임호 94

ㅈ

장건상 125
장기영 94
장덕진 108
장도빈 64, 66
장상우 140
장유순 70
장인환 47
장지연 64
장진우 99
장철호 111, 115
전덕기 64
전덕원 122
전명운 47
전용규 58
『전우』 148
전일 94
정경태 168

정안립 99
정운복 58
정원흠 161
정의부 112, 115, 135, 144, 148, 156, 159, 168, 172, 198
『정의부 공보』 148
정이형 112, 165, 167
제너럴셔먼호사건 12
제중원 13
조맹선 107
조상섭 187
조선의열단 190
조선혁명당 190, 192, 193
조선혁명자후원회 169
조성환 65, 69, 84, 95, 125, 178, 185
조소앙 125, 178, 184, 187, 189, 191, 193
조완구 185, 187, 191
조중응 47
주사형 99
주시경 58
주진수 70, 71, 79, 86, 161, 164, 165
『중앙통신』 148
지석영 58
지청천 139, 150, 151, 165, 177, 193
『진광』 188

ㅊ

차리석 177, 178, 184, 190, 191
차석보 89
참의부 149, 150, 172
채상덕 118

채성하　89
천도교연합회　165
『청구신보』　92
청일전쟁　27
최광옥　64
최동오　178, 184, 193
최동희　161, 162, 164, 165
최만영　134
최만학　89
최명수　140
최석순　128, 191
최석하　69
최시형　162
최연수　181
최재형　89
최제윤　118
최준　87
최창식　125
최창학　23
최태열　94

ㅌ

태극단　144
『텬로역정』　25
통군부　128, 198
통의부　113, 115, 119, 121, 122, 129, 133, 142, 198
통천교　103, 105, 154, 177

ㅍ

편강렬　129, 131, 133, 140, 198

평북독판부　115, 117, 144

ㅎ

하바로프스크　92, 93, 96
한교민단　128
한국광복운동단체연합회　194
한국대일전선통일동맹　177, 191
한국독립군　177
한국독립당　173, 185, 187, 190, 192, 193
한성전기회사　33, 34
『한영자전』　25, 26
한인사회당　91, 95, 197
『한인신보』　89, 91, 163
한인애국단　187
한자문　94
한장협　181
한족노동당　168
한족회　159
한진교　187
함평관　128
허혁　86
현익철　161, 165, 193
현정경　115, 118, 122, 134, 151, 157, 161, 165, 167
홍구공원　175, 180
홍범도　94
홍진　125
『황성신문』　43
황운호　129
흥사단　157, 185
흥업단　144

계몽운동에서 무장투쟁까지의 선도자 양기탁

1판 1쇄 인쇄 2012년 3월 20일
1판 1쇄 발행 2012년 3월 26일

글쓴이   김성민
기획   독립기념관 한국독립운동사연구소
펴낸이   김능진
펴낸곳   역사공간
          서울시 마포구 서교동 463-31 플러스빌딩 5층
          전화 : 02-725-8806~7, 팩스 : 02-725-8801
등록   2003년 7월 22일 제6-510호
ISBN 978-89-90848-20-8 03900

*잘못된 책은 바꿔 드립니다.
가격 10,000원